Hallesche Quellenpublikationen
und Repertorien

Herausgegeben von
den Franckeschen Stiftungen zu Halle

Band 14

»Gottes furcht« und »honnêteté«

Die Erziehungsinstruktionen für Friedrich Wilhelm I. von Brandenburg-Preußen durch August Hermann Francke und Gottfried Wilhelm Leibniz

Herausgegeben von Christoph Schmitt-Maaß

Verlag der Franckeschen Stiftungen Halle
Harrassowitz Verlag in Kommission

Bibliografische Information der Deutschen Nationalbibliothek:
Die Deutsche Nationalbibliothek verzeichnet diese Publikation in der Deutschen Nationalbibliografie; detaillierte bibliografische Daten sind im Internet über *http://dnb.dnb.de* abrufbar.
Bibliographic information published by the Deutsche Nationalbibliothek:
The Deutsche Nationalbibliothek lists this publication in the Deutsche Nationalbibliografie; detailed bibliographic data are available in the Internet at *http://dnb.dnb.de*.

ISSN 1434-0496
ISBN 978-3-447-10602-3

Gedruckt auf alterungsbeständigem Papier.
Printed in Germany.

Satz: Christian Wiedmer, Halle (Saale)
Druck: druck zuck GmbH, Halle (Saale)

Inhaltsverzeichnis

1 Einführung*

1.1 Vorbemerkung

Das 18. Jahrhundert ist auch als ›Jahrhundert der Pädagogik‹ bezeichnet worden. Die damals entstandenen zahlreichen theoretisch-methodischen Entwürfe mussten sich auch in der Praxis bewähren; mehr noch: Man suchte nach neuen Formen der Wissensvermittlung, die zugleich unterhielten und belehrten. Einen solchen Versuch der unterhaltenden Belehrung stellen François Salignac de la Mothe-Fénelons (1651–1715) *Avantures de Télémaque* dar, die – 1696 für den Erbprinzen von Frankreich verfasst – auf Grundlage von Homers *Ilias* und *Odyssee* sowie Vergils *Aeneis* die Kunst der klugen Staatsführung erzählerisch vermittelten und zugleich kanonische Werke der griechischen und römischen Antike rekapitulierten. Der *Télémaque* wurde, auch aufgrund seiner quasi-paganen Moralvermittlung, ein europäischer Longseller, der im gesamten 18. Jahrhundert immer wieder gelesen, übersetzt und adaptiert wurde – auch am Hof von Brandenburg-Preußen, und zwar zu einem sehr frühen Zeitpunkt und sehr intensiv.[1]

Dieser Rezeption und ihrem Zusammenhang mit der brandenburg-preußischen Erziehung nachgehend, beschäftigte ich mich etwas intensiver mit den seinerzeit in Lietzenburg (heute Charlottenburg) geübten Erziehungsmethoden. Dabei galt es, eine Legende der Preußen- wie der Pietismusforschung auf ihre Stichhaltigkeit zu überprüfen: Carl Hinrichs hatte 1943 auf den maßgeblichen Einfluss hingewiesen, den Gottfried Wilhelm Leibniz (1646–1716) und August Hermann Francke (1663–1727) auf die Erziehung des späteren zweiten Preußenkönigs Friedrich

---

* Die Edition verdankt sich der großzügigen Zuerkennung eines dreimonatigen Thyssen-Stipendiums durch die Franckeschen Stiftungen sowie der Anregung von Frau Dr. Brigitte Klosterberg, Leiterin der Studienzentrums August Hermann Francke – Archiv und Bibliothek – der Franckeschen Stiftungen. Prof. Dr. Thomas Müller-Bahlke, Prof. Dr. Holger Zaunstöck (beide Halle/Saale) und Dr. des. Thomas Ruhland (Kassel) sowie Dr. Simon Grote (Berkeley/Princeton) unterstützten mich mit (kirchen-)historischem, Prof. Dr. Pia Schmid mit pädagogikgeschichtlichem Wissen. Zu danken habe ich darüber hinaus den Archiven, die die Nutzung ihrer wertvollen Quellenbestände ermöglichten: den Franckeschen Stiftungen zu Halle (besonders Dr. Jürgen Gröschl und Dipl.-Bibl. Anke Mies), dem Geheimen Staatsarchiv Preußischer Kulturbesitz Berlin (Marie-Luise Adlung), der Gottfried Wilhelm Leibniz Bibliothek – Niedersächsischen Landesbibliothek Hannover (Werner Ganske), der Biblioteka Narodowa w Warszawie (Warschau) sowie der Universitäts- und Landesbibliothek Halle/Saale.

1 Volker Kapp: Conversation sur le livre de Télémaque. In: Dix-huitième siècle 14, 1982, 221–229; Iris Wenderholm: Extrait de Télémaque. Zur Verwendung von Fénelons Aventures de Télémaque in der Prinzenerziehung am Berliner Hof um 1700. In: Literaturwissenschaftliches Jahrbuch der Görresgesellschaft 43, 2002, 381–390. Meine derzeit im Abschluss befindliche Habilitation zur deutschsprachigen Rezeption des »Télémaque« im 18. Jahrhundert wird diese Aspekte vertiefend behandeln.

Wilhelm (1688–1740) ausgeübt hätten.[2] Klaus Deppermann nahm Hinrichs' Hinweis 1961 auf und transportierte ihn in die Pietismusforschung.[3] Seitdem kursiert er in der Pietismus- wie der Preußenforschung,[4] doch fehlt bislang eine verlässliche Ausgabe[5] dieser für den Zusammenhang von brandenburg-preußischem und pietistischem Zusammenwirken so entscheidenden Quellen. Durch die hiermit vorgelegte Quellenedition muss die Relevanz des Einflusses von Leibniz auf die Prinzenerziehung revidiert und stattdessen Franckes Bedeutung betont werden. Die ›symbiotische‹ Beziehung von Brandenburg(-Preußen) und Halle kann auf 1694 vordatiert werden.

Insgesamt werden sieben Erziehungsinstruktionen behandelt, die für drei Generationen brandenburg-preußischer Prinzen entstanden sind. Der besseren Übersichtlichkeit halber lassen sich diese Instruktionen wie folgt tabellarisch darstellen:

Jahr	Verfasser	Adressat	Titel	Sigle
1662	Friedrich Wilhelm v. Brandenburg	Karl Emil und Friedrich v. Brandenburg	Instruction und Bestallung	2.1
1694	August Hermann Francke	Friedrich Wilhelm v. Brandenburg	Einige Gedancken von der Auferziehung	2.2
um 1693	Gottfried Wilhelm Leibniz	Friedrich Wilhelm v. Brandenburg	Lettre sur l'éducation d'un prince	2.3
um 1700	Gottfried Wilhelm Leibniz	Friedrich Wilhelm v. Brandenburg	Cogitata de insigni bonitate	2.4
um 1700	Gottfried Wilhelm Leibniz	Friedrich Wilhelm v. Brandenburg	Cogitata de perfectionisbus	2.4
1695	Friedrich III. v. Brandenburg/ Paul v. Fuchs	Friedrich Wilhelm v. Brandenburg	Instruction und Bestallung	2.5
1718	Friedrich Wilhelm I. v. Preußen	Friedrich v. Preußen	Instruction und Bestallung	2.6

1.2 Ausgangslage

Kronprinz Friedrich Wilhelm war kein einfacher Schüler. Die Erziehung des nachmaligen ›Soldatenkönigs‹ von Preußen war eine machtpolitische Frage, bestimmte doch der Einfluss der Erzieher nicht unwesentlich die weitere Entwicklung des Staates. Daher stritten verschiedene Parteien um die Erziehung des

[2] Carl Hinrichs: Friedrich Wilhelm I. Eine Biographie. Jugend und Aufstieg [...]. Darmstadt 1968 (Ndr. der Ausg. Hamburg 1943), 24f.

[3] Klaus Deppermann: Der hallesche Pietismus und der preußische Staat unter Friedrich III. (I.). Göttingen 1961, 151.

[4] Vgl. z.B. Peter Baumgart: Friedrich Wilhelm I. (1713–1740). In: Preußens Herrscher. Von den ersten Hohenzollern bis Wilhelm II. Hg. v. Frank-Lothar Kroll. München 2006, 134–159, hier 137.

[5] Teilediert sind Auszüge einzelner Erziehungsinstruktionen auch in Martina Weinlands Katalogbeiträgen in: Im Dienste Preußens. Wer erzog Prinzen zu Königen? Katalog zur Ausstellung 2001/2002. Hg. v. Stiftung Stadtmuseum Berlin. Berlin 2001, 37–90.

Prinzen. Wie seinerzeit üblich,[6] oblag die Erziehung zunächst der Mutter, Kurfürstin Sophie Charlotte v. Brandenburg (1668–1705), und der Fürstinnenmutter, Sophie v. Hannover (1630–1714). Tatsächlich übernahm jedoch die ehemalige Erzieherin von Sophie Charlotte, Anna Katharina v. Harling (1624–1702), diese Aufgabe.[7] Friedrich Wilhelm wuchs daher bis zum Sommer 1691 am mondänen Hof von Hannover auf, der unter anderem Beziehungen nach Versailles unterhielt – 1682 hatte Sophie v. Hannover versucht, ihre Tochter als Heiratskandidatin für den Grand Dauphin Louis de Bourbon (1661–1711), den ältesten Sohn Ludwigs XIV. v. Frankreich (1638–1715), zu lancieren. Nach dem Scheitern dieser Pläne kam es schließlich zum Arrangement mit dem seinerzeit (aus der Perspektive Hannovers) noch provinziellen, aber prosperierenden Hof von Brandenburg.

An diesen kehrte der junge Friedrich Wilhelm 1691 zurück, um die entscheidenden Jahre seiner Erziehung im unmittelbaren Umfeld des Kurfürsten Friedrich III. v. Brandenburg (1657–1713; ab 1701 König in Preußen) zu verbringen. Auf Drängen der Mutter übernahm zunächst Marthe du Val, Madame de Montbail (1659–1741), eine Réfugiée, die Erziehung,[8] doch der rasch heranwachsende Kurprinz war zunehmend schwerer zu bändigen.[9] Dies war ausschlaggebend für die Suche nach einem neuen Erziehungsmodell und nach neuen Erziehern. Letztere sollten nun allerdings männlichen Geschlechts sein, da dies für die Prinzenerziehung angemessener erschien.[10]

Die fortdauernden Auseinandersetzungen um den Einfluss auf die Erziehung waren für die Neuordnung des kronprinzlichen Erziehungswesens charakteristisch: Während der Vater Friedrich III. die christlichen Aspekte hervorhob und auf die Tradition der Hohenzollern verwies, insistierte Sophie Charlotte auf einem absolutistischen Herrschaftsmodell, das auch aufgeklärte Bestandteile integrierte. Sophie Charlotte schwebte als Erziehungsideal der eigene Vater Ernst August (1629–1698) vor, der – universell gebildet und das Ideal eines Hofmanns – in Hannover absolutistische Pracht entfaltete. In dieser welfischen Tradition sah Sophie Charlotte auch Friedrich Wilhelm.[11] Ihr Gemahl, wohl angetrieben von

---

[6] Vgl. Antje Stannek: Telemachs Brüder. Die höfische Bildungsreise des 17. Jahrhunderts. Frankfurt/Main 2001; Heinrich Borkowski: Königin Sophie Charlotte als Mutter und Erzieherin. In: Hohenzollern-Jahrbuch 7, 1903, 227.

[7] Vgl. Briefe der Herzogin, späteren Kurfürstin Sophie von Hannover an ihre Oberhofmeisterin A. K. v. Harling, geb. von Uffelen. In: Zeitschrift des historischen Vereins für Niedersachsen (1895), 1–95. Die ›Jungfer Uffelen‹ war schon Erzieherin von Liselotte von der Pfalz (1652–1722) am Hof von Hannover.

[8] Als wiederverehelichte Mme. de Roucoulles ist sie 25 Jahre später noch für die Erziehung Friedrichs II. zuständig, vgl. Jean Pierre Erman, Peter Christian Friedrich Reclam: Mémoires pour servir à l'histoire des Réfugiés François dans ses états du Roi. Nouvelle édition. Bd. 3. Berlin: Jasperd, 1782, 100–102, 120–125.

[9] Hinrichs, Friedrich Wilhelm I., 20.

[10] Zunächst wurde ihm ein Kammerdiener namens Strebelow zur Seite gestellt, vgl. Hinrichs, Friedrich Wilhelm I., 20.

[11] Noch 1697 lobt Leibniz das Engagement der Kurfürstin in Erziehungsfragen, vgl. Brief von Gottfried Wilhelm Leibniz an Sophie Charlotte vom 4./14.12.1697, LAA I.14, 848. Vgl. auch 29.12.1697/8.1.1698, LAA I.15, 10.

seinem ehemaligen Erzieher und nunmehrigen Staatsminister Eberhard v. Danckelmann (1643–1722), setzte sich nach 1695 zunehmend stärker durch, so dass letztlich auch jene Instruktionen, nach denen Friedrich III. selbst erzogen worden war, nun die Grundlage für die Erziehung Friedrich Wilhelms bilden. Für diese Wendung war auch die im Hause Brandenburg negativ beurteilte religiöse Indifferenz des Hannoveraner Hofes ausschlaggebend,[12] die mit der konfessionellen Ausrichtung Friedrichs III. kaum vereinbar war.

Der ausgewiesene Diplomat und brandenburgische Konsistorialrat Paul v. Fuchs (1640–1704)[13] bemühte sich in seinen 1695 im Auftrag Friedrichs III. verfassten Erziehungsinstruktionen (Quelle 2.5), einen Ausgleich zwischen diesen divergierenden Positionen zu schaffen, indem er die brandenburgischen Erziehungsinstruktionen von 1662 (Quelle 2.1) in aktualisierter Form zur Grundlage machte. Durch seine Kontakte zu August Hermann Francke[14] sowie zu Gottfried Wilhelm Leibniz[15] holte Fuchs zunächst (also zwischen 1691 und 1694) zwei als externe Gutachten fungierende Memoranden ein, die erwartungsgemäß je unterschiedliche Positionen vertreten. Dass Fuchs dabei auf Francke und Leibniz zurückgriff, liegt auch in deren Verbindung zum Brandenburger Hof bzw. zu Sophie Charlotte begründet: Francke wird vier Jahre später (1698) mit einem Privileg durch Friedrich III. zur Gründung seines Waisenhauses bedacht; mit Leibniz hielt Sophie Charlotte seit früher Jugend Kontakt.[16] Diese Memoranden Franckes und Leibniz' haben sich erhalten und werden im Quellenteil dieser Edition erstmals gemeinsam abgedruckt (Quellen 2.2–2.4). Die beiden für Fuchs verfassten Memoranden entsprechen in ihrer inhaltlichen Ausrichtung exakt

---

[12] Vgl. Brief von Gottfried Wilhelm Leibniz an Sophie Charlotte vom 29.12.1697/8.1.1698, LAA I.15, 10.

[13] Vgl. Rudolf v. Thadden: Die brandenburgisch-preußischen Hofprediger im 17. und 18. Jahrhunderts. Berlin 1959.

[14] Kontaktmöglichkeiten bestanden über Philipp Jakob Spener ebenso wie über Daniel Ernst Jablonski, vgl. Hannelore Lehmann: Daniel Ernst Jablonski, August Hermann Francke und die Anfänge des Königlich-Potsdamschen Militärwaisenhauses in den Jahren 1724/25. In: Daniel Ernst Jablonski. Religion, Wissenschaft und Politik um 1700. Hg. v. Joachim Bahlcke, Werner Korthaase. Wiesbaden 2008, 169–204. Fuchs war in Berlin als Förderer Speners hervorgetreten, vgl. Hinrichs, Friedrich Wilhelm I., 566.

[15] Fuchs und Leibniz korrespondierten wohl erst seit 1698 miteinander, vgl. Brief von Paul v. Fuchs an Gottfried Wilhelm Leibniz vom 18./28.1.1698, LAA I.15, 235, vgl. auch Hinrichs, Friedrich Wilhelm I., 24f. Gleichwohl bewegten sich Leibniz und Fuchs teilweise in denselben Kreis, dem etwa Sophie Charlotte oder Ezekiel von Spanheim angehörten. Fuchs vermittelte auch den Kontakt zwischen Francke und Leibniz, der über Georg Heinrich Neubauer hergestellt wurde und – am Beispiel von Weigel und Placcius – vor allem pädagogische Fragen betraf, vgl. Brief von Gottfried Wilhelm Leibniz an August Hermann Francke vom 7.8.1697, LAA I.14, 398.

[16] Vermittelt durch ihre Mutter Sophie von Hannover, vgl. Brief von Gottfried Wilhelm Leibniz an Sophie Charlotte v. Brandenburg vom Ende August 1688, LAA I.5, 226. Vgl. auch Jürgen Mittelstrass: Der Philosoph und die Königin. Leibniz und Sophie Charlotte. In: Leibniz in Berlin. Symposium der Leibniz-Gesellschaft [...]. Hg. v. Hans Poser u. Albert Heinekamp. Stuttgart 1990 (Studia Leibnitiana, Sonderheft 16), 9–27.

jenen Positionen, die Friedrich III. einerseits und Sophie Charlotte andererseits vertreten – Paul v. Fuchs erwies sich mithin als geschickter Diplomat, indem er die Positionen der elterlichen Parteien zunächst durch externe Expertisen stärkte und sie anschließend in die Erziehungsinstruktionen integrierte (Quelle 2.5), wobei der Position Sophie Charlottes (und damit Leibniz') deutlich weniger Raum eingeräumt wird.[17]

Zu entscheiden war aber noch immer die Frage des Erziehers. Sophie Charlotte warf Eberhard v. Danckelmann vor, ihren Sohn absichtlich ›verdummen‹ zu lassen,[18] um seinen Einfluss auch für die Zukunft zu sichern. Gegen Danckelmanns Machtstellung am Berliner Hof hatte auch Graf Christoph v. Dohna-Schlodien (1665–1733), brandenburg-preußischer Diplomat und späterer General, opponiert.[19] Zusammen mit seinem Bruder Alexander (1661–1728) hatte er auf Schloss Coppet am Genfersee eine humanistische Erziehung unter anderem bei Pierre Bayle (1647–1706) genossen.[20] Alexander, vielfach erfahren im Kriegs- und diplomatischen Dienst, schien in seiner calvinistischen Erziehung militärische Disziplin und höfische Bildung zu vereinen. 1695 zum Generalleutnant befördert, wünscht ihn Sophie Charlotte nach Empfehlung durch seinen Bruder Christoph[21] mit Nachdruck als Oberhofmeister und Erzieher ihres Sohnes:

> vous ne pouriez me faire plus de plaisir que d[']acepter l[']employ que ie vous destine car ie say que ie confieres mon fils a une persone qui a tout le mérite et la capacité qu[']il faut dans cette charge et qoui que ie suis charmée du plan que vous me faites come il faut eleuer une persone de qualité.[22]

Alexander v. Dohna wird daraufhin neuer Erzieher des Kronprinzen. Zuvor hatte er seine (nicht mehr auffindbaren) *Gedancken über die Erziehung eines Prinzen*[23] skizziert, die eine Grundlage für seine Empfehlung sowie für die späteren

---

17 Vgl. Hinrichs, Friedrich Wilhelm I., 24f.

18 So Sophie Charlotte in einem Brief an ihre Mutter vom 27.11./7.12.1697. In: Briefwechsel der Kurfürstin Sophie von Hannover mit dem Preußischen Königshause. Hg. v. Georg Schnath. Berlin, Leipzig 1927, Br. 22, 21. Auch Leibniz teilt (vielleicht aus Rücksichtnahme auf Sophie Charlotte) die Ansicht, dass Cramer und der Danckelmann-Sohn Friedrich Carl (1670–1738) dem Kronprinzen nur beibrächten, was Eberhard v. Danckelmann gutheiße, vgl. Leibniz an Sophie Charlotte, um 1697. In: Die Werke von Leibniz [...]. Hg. v. Onno Klopp. Erste Reihe: Historisch-politische und staatswissenschaftliche Schriften. 10. Bd.: Correspondenz von Leibniz mit Sophie Charlotte [...]. Hannover 1877, 36–40, hier 39. Vgl. dazu Hinrichs, Friedrich Wilhelm I., 33.

19 Zum Konflikt zwischen den Brüdern Dohna und Danckelmann vgl. Heinrich Borkowski: Erzieher und Erziehung Friedrich Wilhelms I. In: Hohenzollern-Jahrbuch 8, 1904, 92–142.

20 Vgl. Christoph v. Dohna: Mémoires originaux sur le regne et la cour de Frédéric I., roi de Prusse. Berlin: Nicolai, 1833. Vgl. die Vita Alexander v. Dohnas in Borkowski, Erzieher und Erziehung, 93f.

21 Brief von Sophie Charlotte v. Brandenburg an Alexander v. Dohna vom 27.3.1694. In: Hohenzollern-Jahrbuch 7, 1903, 234.

22 Brief von Sophie Charlotte v. Brandenburg an Alexander v. Dohna vom 22.5.1694. In: Hohenzollern-Jahrbuch 7, 1903, 234.

23 Titel nach Borkowski, Erzieher und Erziehung, 101. Dort auch eine Teilübersetzung. Heute nicht mehr auffindbar im GStA PK.

Erziehungsinstruktionen darstellen könnten. Die Verhandlungen zwischen der Kurfürstin und Alexander v. Dohna vollziehen sich in aller Stille, wohl um Danckelmann, der seinen eigenen Bruder als Anwärter um den Oberhofmeisterposten ins Spiel gebracht hatte,[24] in Sicherheit zu wiegen.[25] Mit dieser Strategie sollte Sophie Charlotte Erfolg haben.

Doch zunächst werden im Jahr 1695 die Erziehungsinstruktionen des Paul v. Fuchs (Quelle 2.5) in einem offiziellen Staatsakt zur neuen verbindlichen Richtlinie der Prinzenerziehung erhoben und der preußische Calvinist Dohna als Oberhofmeister eingesetzt.[26] Damit war jedoch nur eine Übergangslösung geschaffen, denn die Partei Danckelmanns versuchte, ihren Einfluss auf die Erziehung weiterhin nach Kräften zu verstärken.[27] Erst mit Danckelmanns Sturz 1697 konnte der von ihm protegierte Ephorus Johann Friedrich Cramer (1661–1715) entlassen werden.[28]

An Cramers Stelle tritt der aus Lausanne stammende Hugenotte Jean Philippe Rebeur (1663–1703), dem bis zu seinem Tod die direkte Erziehung des Prinzen unterliegen wird.[29] Zusammen mit Dohna, der ihn vermutlich empfohlen hatte,[30] verband der calvinistisch geprägte Rebeur in seiner praktischen Erziehungsmethode des Kronprinzen eine »zutiefst pessimistische augustinische Anthropologie«[31] mit einem »ethischen Rigorismus«,[32] der sich aus der reformierten Grundhaltung ergab. Als ›Praktiker‹ trugen Rebeur wie Dohna somit weniger den Erziehungsinstruktionen Rechnung, als dass sie den schwer zu disziplinierenden Kronprinzen

---

24 Vgl. Borkowski, Erzieher und Erziehung, 95.

25 Vgl. den Briefwechsel Sophie Charlottes mit Alexander v. Dohna. In: Hohenzollern-Jahrbuch 7, 1903, 233–245.

26 Die verschiedenen zeremoniellen Akte, die die Berufung des Haushofmeisters und dessen Einschwörung auf die Erziehungsinstruktionen begleiten, lassen sich nachlesen bei Friedrich Christoph Förster: Friedrich Wilhelm I. König von Preußen. Bd. 1. Potsdam 1834, 88–91.

27 U.a. indem er seinen Sohn Friedrich Carl zum Kammerjunker des Kurprinzen ernennt. In der Bestallungsurkunde vermerkt Friedrich III. eigenhändig, dass Friedrich Carl besonders bemüht sein solle um die »Gottesfurcht« Friedrich Wilhelms, zit. n. Hinrichs, Friedrich Wilhelm I., 24 u. Borkowski, Erzieher und Erziehung, 106.

28 Vgl. Hinrichs, Friedrich Wilhelm I., 32. Cramer war Hofmeister Eberhard v. Danckelmanns gewesen und damit zuständig für die Erziehung seiner Kinder. Vgl. Heinrich Borkowski: Königin Sophie Charlotte als Mutter und Erzieherin. In: Hohenzollern-Jahrbuch 7, 1903, 223–245, hier 226.

29 Zu Rebeur vgl. Borkowski, Königin Sophie Charlotte, 227; ders.: Erzieher und Erziehung, 107. Die Familie Rebeur rechnete zur ersten Generation der Refugiés, vgl. auch Erman/Reclam, Mémoires pour servir à l'histoire des Réfugiés, Bd. 7, 267, zu Jean-Philipp Rebeur ebd, 268. Für Cramer blieben die Erziehungsinstruktionen von 1695 bindend, vgl. Borkowski, Erzieher und Erziehung, 108.

30 Vgl. Hinrichs, Friedrich Wilhelm I., 37.

31 Hans J. Hillerbrand: Religion und Politik in Preußen. Friedrich Wilhelm I. und der Pietismus. In: Der Soldatenkönig. Friedrich Wilhelm I. in seiner Zeit. Hg. v. Friedrich Beck u. Julius H. Schoeps. Potsdam 2003, 49–68, hier 64.

32 Hinrichs, Friedrich Wilhelm I., 58.

mittels einer rigorosen Anwendung der Prädestinationslehre im Unterricht zu bändigen suchten.[33]

Allem Anschein nach wurde dieses Konzept prinzlicher Erziehung – trotz massiver Auseinandersetzungen in Kinder- und Jugendjahren – vom Zögling selber als zukunftsfähig erachtet: Als König von Preußen machte Friedrich Wilhelm I. 1718 die Instruktionen, nach denen er erzogen worden war, zur Grundlage der Erziehung seines Sohnes Friedrich (1712–1786), den späteren ›Philosophenkönig von Sanssouci‹. Von Friedrich Wilhelms eigener Hand rührt daher eine Erziehungsinstruktion, die die vorliegende Edition beschließt (Quelle 2.6). Dieser Quellentext belegt somit auch die anhaltende indirekte Wirkung Franckes und Leibniz', da in ihm zu einem einmaligen Zeitpunkt die Positionen von Aufklärung und Pietismus konvergieren. Selber zum König von Preußen gekrönt, beruft sich Friedrich II. hingegen nicht länger auf diese ›altväterlichen‹ Instruktionen. Vielmehr vollzieht er einen für die Spätaufklärung signifikanten Bruch von Religion (Francke) und Aufklärung (Leibniz).

Die vorliegende Edition der verschiedenen Vorlagen stellt die Behauptung einer ›preußisch-pietistischen Symbiose‹ (Hinrichs und Deppermann) auf eine nachprüfbare Grundlage und erlaubt darüber hinaus, ein halbes Jahrhundert preußischer Prinzenerziehung zu rekonstruieren. In der Wiedergabe und im Vergleich der verschiedenen Vorlagen, Entwürfe und Ausführungen lässt sich realisieren, was bereits 1943 Carl Hinrichs einforderte: ein »großes Stück brandenburgischer sowie allgemeiner und Geistesgeschichte«[34] darzustellen.

1.3 »fleissige auffsicht, gute vermahnung und Exempel«: Die Erziehungsinstruktionen für Karl Emil und Friedrich v. Brandenburg (1662)

1.3.1 Vorbemerkung

Friedrich v. Brandenburg erlangte unverhofft die Kurfürstenwürde: 1674 starb sein älterer Bruder Karl Emil (* 1655), der als Thronfolger vorgesehen war, während des Frankreichfeldzuges an der Ruhr.[35] Durch die Bevorzugung Karl Emils als Erstgeborenem kam der Erziehung Friedrichs eine sekundäre Rolle insofern zu, als er zusammen mit seinem älteren Bruder und nach den gleichen Instruktionen erzogen wurde – umgekehrt ließe sich auch sagen, dass das Fehlen einer eigens für Karl Emil angefertigten Erziehungsinstruktion als Gleichbehandlung der Prinzen

---

[33] Vgl. Hinrichs, Friedrich Wilhelm I., 62. Hierzu zählen u. a. auch die alljährlichen öffentlichen Sündenbekenntnisse, die Friedrich Wilhelm bis zu seinem fünfzehnten Lebensjahr abzulegen hatte, vgl. ebd., 91f.

[34] Hinrichs, Friedrich Wilhelm I., 24.

[35] Hans-Joachim Neumann: Friedrich I. Der erste König der Preußen. Berlin 2001, 35.

gedeutet werden kann.[36] Nachdem eine Reihe von Hofdamen die Erziehung des kindlichen Prinzen übernommen hatten,[37] wurde 1662 der Oberpräsident des Geheimen Rates Otto Freiherr v. Schwerin (1616–1679), der bereits als Brautwerber Friedrichs bei Louise Henriette v. Oranien (1627–1667), der späteren Gattin Friedrichs, tätig gewesen war, zum Hofmeister erhoben, wohl vor allem auf Einwirken der Kurfürstin, die ihn als gebildeten und sensiblen *Spiritus rector* ihres Sohnes zu schätzen wusste.[38] Obgleich Schwerin keinerlei pädagogische Erfahrung besaß, schien er dem Herrscherpaar doch geeignet zur Erziehung ihrer Söhne – nicht zuletzt, weil Schwerin vom lutherischen zum calvinistischen Glauben übergetreten war und sich durch besonderen Glaubenseifer auszeichnete.[39] Das Kurfürstenpaar – Friedrich Wilhelm wie Louise Henriette – wollte die calvinistische Erziehung seiner Söhne gesichert wissen.

1.3.2 Inhalt

Der Große Kurfürst Friedrich Wilhelm selbst legte – unter Rückgriff auf das dreißigste Kapitel der *Goldenen Bulle* Kaiser Karls IV. von 1356, das die Erziehung der Erbprinzen Böhmens, der Pfalz, Sachsens und Brandenburgs betrifft, – in den Instruktionen für Otto v. Schwerin vom 22. August 1662 (Quelle 2.1) die Richtlinien der Erziehung fest. Bereits hier findet sich als Erziehungsziel die »wahre Gottesfurcht«, die August Hermann Francke für die Erziehungsinstruktionen von 1695 stark machen sollte (Quelle 2.2).

Überhaupt gibt die Binnengliederung der Erziehungsinstruktionen von 1662 den Argumentationsgang für Paul v. Fuchs (und damit für Francke und Leibniz) vor. So findet sich etwa die Anweisung des (abendlichen) Gebets, dem Memorieren von Bibel-Kapiteln, aber auch die Beherrschung des Lateinischen und Französischen, der Geographie und Geschichte. Daneben nimmt die körperliche Erziehung einen bedeutenden Raum ein – Ballspiele, Tanz und Wettläufe. Als Vorbild des gerechten Herrschers dient die Charakterisierung des Feldherren Germanicus durch Tacitus: Was dieser tat, sei sichtlich und hörbar verehrungswürdig gewesen.

Otto v. Schwerin wird die alleinige Verantwortung für die Erziehung des Thronfolgers auferlegt. Wenngleich ihm je zwei Kammerjunker, Kammerdiener und Pagen beigegeben sind,[40] ist er für den Erfolg oder Misserfolg der geistigen und körperlichen Bildung allein verantwortlich. Daraus resultiert auch die ihm

---

[36] Vgl. Hinrichs, Friedrich Wilhelm I., 24.

[37] Vgl. Julius Großmann: Jugendgeschichte Friedrichs I. Ersten Königs in Preußen. In: Hohenzollern-Jahrbuch 2, 1900, 10–59, hier 22.

[38] Vgl. Neumann, Friedrich I., 18.

[39] Max Hein: Otto Schwerin, der Oberpräsident des Großen Kurfürsten. Königsberg 1929. Die Familie Schwerin macht ihren Einfluss noch auf die Erziehung Friedrich Wilhelms geltend – ihm wird als Kammerjunker Hennig Bernd v. Schwerin (1631–1705), ein Neffe Ottos, beigegeben.

[40] Vgl. Neumann, Friedrich I., 19.

zugestandene Autorität über alle zum Hofstaat der Prinzen Gehörigen. Auch führte Otto v. Schwerin Tagebuch über die Erziehung[41] und korrespondierte bei Abwesenheit der Eltern mit der Kurfürstin bezüglich der pädagogischen Entwicklung ihrer Söhne.[42]

1.3.3 Hintergrund

Für Karl Emil bestimmt, waren die Erziehungsinstruktionen nicht umstandslos für Friedrich geeignet: Infolge seiner Wirbelsäulendeformation in frühen Jahren verlagerte sich die Erziehung zunehmend auf die Ausbildung der intellektuellen Fähigkeiten. Als 1662 Otto v. Schwerin der Kurfürstin vorschlug, für den fünfjährigen Friedrich einen eigenen Lehrer einzustellen, stimmte sie sofort zu.[43] Schwerin hatte Kontakt zu Eberhard Danckelmann hergestellt, den Sohn des Lingener Landrichters Sylvester Danckelmann (1601–1679). Am 14. November 1664 wurde Danckelmann zum Erzieher Friedrichs bestellt und in Gegenwart des Kurfürstenpaares vereidigt, am 5. August des Folgejahres erfolgte die offizielle Einsetzung als Erzieher, gleichzeitig werden Friedrich wie Karl Emil der Aufsicht Ottos v. Schwerin unterstellt.[44] Danckelmann hatte bereits mit 12 Jahren eine juristische Promotion sowie Bildungsreisen nach Italien und Frankreich absolviert. Dennoch galt er mehr als gelehrter denn als höfischer Geist.[45] Die Erziehung Friedrichs durch Danckelmann war nicht frei von Konflikten, weil Danckelmann kaum pädagogisches Geschick bewies, sondern die in den Instruktionen benannten Erziehungsziele umsetzte, die sich als nicht sonderlich pragmatisch erwiesen.[46] Weihnachten 1666 schrieb daher Louise Henriette an

---

41 Schwerin führte Tagebuch vom 1. Januar 1663 bis zum 28. Februar 1669, wird dann von einer schweren Krankheit unterbrochen, am 1. Januar 1671 wieder aufgegriffen und bis August 1672 fortgeführt. Das Original hat sich nicht erhalten, zitiert wird nach Leopold v. Orlich: Friedrich Wilhelm der Große Kurfürst. Berlin 1836, 23–45, sowie ders.: Geschichte des preußischen Staates. Bd. 1. Berlin 1838, 573–636.

42 Ferdinand Hirsch: Die Briefe der Kurfürstin Luise Henriette von Brandenburg an den Oberpräsidenten Otto v. Schwerin. In: Forschungen zur brandenburgischen und preußischen Geschichte 8, 1897, 173–206.

43 Vgl. Neumann, Friedrich I., 20. Friedrich unterhält besonders zu seiner Mutter ein vertrauliches Verhältnis, vgl. Großmann, Jugendgeschichte Friedrichs I., 47–48.

44 Die Instruktionen, die für Karl Emil ausgearbeitet worden waren, wurden 1665 für die Erziehung Friedrichs verbindlich. Vgl. Ferdinand Hirsch: Die Erziehung der älteren Söhne des Großen Kurfürsten. In: Forschungen zur brandenburgischen und preußischen Geschichte 7, 1894, 141–171, hier 155. Als Kammerdiener wurde gleichzeitig mit Danckelmann Louis Sainson († 1693) berufen; den eigentlichen Unterricht erteilte Daniel Stephani (1623–1707).

45 Vgl. Charles Louis de Pöllnitz: Lettres et Mémoirs du Baron de Pöllnitz [...] Troisième Edition [...]. 3 Bde. Amsterdam: Changuion, 1737, hier Bd. 1, 24. Zur Berufung Dohnas und Rebeurs sowie den Auseinandersetzungen mit Eberhard v. Danckelmann vgl. auch Charles Louis de Pöllnitz: Mémoirs pour sérvir à l'histoire des quatres dernières souverains de la maison de Brande[n]bourg Royale de Prusse [...]. 2 Bde. Berlin: Voss, 1791, hier Bd. 1, 164–167.

46 Zum Unterrichtsablauf und den Schwierigkeiten seiner Einhaltung, vor allem bedingt durch zahlreiche Reisen und Kuraufenthalte Friedrichs, vgl. Großmann, Jugendgeschichte Friedrichs I., 31; Hirsch, Die Erziehung der älteren Söhne, 165f.

Otto v. Schwerin, dass ihr Klagen über Danckelmann zu Ohren gekommen seien, besonders aber, dass Danckelmann Friedrich barsch zurechtweise und sogar schlage: »Sanftmut ist die beste Methode, um Kinder zu gewinnen«, betont sie gegenüber Schwerin.[47]

Die Erziehung der beiden Prinzen vollzieht sich fernab des Hoflebens auf Schloss Altlandsberg, dem Sitz der Schwerins, den Friedrich 1709 erwarb und umgestalten ließ.[48] Hier bilden die beiden brandenburgischen Prinzen ihre konträren Charakterzüge aus: Während Karl Emil sich für alles Militärische interessiert, bildete Friedrich – wohl auch aufgrund seiner körperlichen Gebrechen – musisch Talente aus, beherrschte unter anderem Traversflöte und Clavichord.[49]

Nach dem Tod der Kurfürstin 1667 und der Wiederverheiratung Friedrich Wilhelms mit Dorothea Sophie, verwitwete Herzogin v. Lüneburg (1636–1689), verschlechterte sich die Beziehung der Prinzen zu Otto v. Schwerin, vor allem aufgrund der Einflussnahme des Onkels Johann Georg v. Anhalt-Dessau (1627–1693), Schwager der verstorbenen Mutter. Die zahlreichen Stiefgeschwister, die in den folgenden Jahren geboren wurden, belasteten die familiären Beziehungen zusätzlich.[50]

Friedrich unternahm in Begleitung Ottos v. Schwerin in den Jahren zwischen 1667 und 1676 Kurreisen, um sein Rückenleiden zu kurieren. Nach dem Tod der Mutter (1667) übernahm Eberhard v. Danckelmann deren Rolle, pflegte den Prinzen und kümmerte sich um dessen Gesundheit;[51] 1673 bittet Otto v. Schwerin um Entbindung vom Hofmeisteramt, um sich vollständig seinen Geschäften als Oberpräsident widmen zu können, mit dem Tod des Bruders 1674 und dem damit verbundenen Aufstieg Friedrichs zum Throneben findet die Erziehung des Siebzehnjährigen ihr Ende: 1676 wird Friedrich für *majorem* erklärt, gleichzeitig Otto v. Schwerin seines Amtes als Oberhofmeister entbunden.[52]

1.4 »Es ist und bleibt aber die Furcht Gottes der Weißheit Anfang.« August Hermann Franckes Entwurf (1694)

1.4.1 Vorbemerkung

Um 1700 hatte die innerlutherische Reformbewegung des Pietismus an Kontur gewonnen, entscheidend unterstützt vom brandenburg-preußischen Hof. Vor allem Philipp Jakob Spener (1635–1705) konnte seine »politisch-soziale

---

47 Zit. n. Neumann, Friedrich I., 24.

48 Hirsch, Die Erziehung der älteren Söhne, 150.

49 Vgl. Linda u. Marsha Frey: Friedrich I. Preußens erster König. A. d. amerik. Englisch v. Uta Szyszkowitz. Graz 1984, 36.

50 Hirsch, Die Erziehung der älteren Söhne, 161f.

51 Vgl. Frey, Friedrich I., 35.

52 Vgl. die Entlassungsurkunde in Leopold v. Orlich: Geschichte des Preußischen Staates im siebzehnten Jahrhundert [...]. Theil 3. Berlin 1839, 364–365.

Reformbewegung«[53] mit Hilfe von Konsistorialpräsident Paul v. Fuchs, Staatsminister Eberhard v. Dackelmann und Geheimrat Franz v. Meinders (1630–1695) in der Kurmark durchsetzen.[54] Ob es Spener war, der Francke anlässlich der Abfassung der Erziehungsinstruktionen als pädagogischen Berater empfahl,[55] oder ob nicht vielmehr der direkte Kontakt zwischen Francke und Fuchs den Ausschlag für eine Beteiligung Franckes an der Erziehungsschrift von 1695 gab, lässt sich auf Grundlage des erhaltenen Schriftwechsel bislang nicht eruieren.

1.4.2 Inhalt

Von Franckes Programm zur Prinzenerziehung sind ein Entwurf und eine weitgehend identische Reinschrift unter dem Titel *Einige Gedancken von der Auferziehung eines zum Regiment destinirten Printzen* erhalten. Hierin legt Francke in neun Abschnitten dar, wie sich die Erziehung eines Prinzen idealtypisch vollzieht. Zunächst betont er die Bedeutung der Auswahl der Erzieher: Ihre »Gottes=Furcht« ist wesentliche Eignungsvoraussetzung. Sodann sollen sie nicht Kraft ihres Verstandes den Prinzen anleiten und erziehen, sondern das »herzliche Gebeht« zur »Haupt=Pflicht« erheben, da dies »einen gewißen und unfehlbahren Seegen auf den Printzen und folglich auf das *Regiment*, und die demselben anzuvertrauende Lande bringen würde«. Zudem haben Hofmeister und Informator die Aufsicht über den Umgang des Prinzen: »keine in offenbahren Lastern lebende Leüte noch *atheisti*sche Gemüther, desgleichen auch keine Stock=Narren« werden in der Nähe des Dauphins geduldet. Folglich sind dem Prinzen auch nur solche Vergnügungen gestattet, die einen »*rëelen* Nutzen und Vortheil« bringen und nicht dem bloßen »Zeit=Vertreib« dienen. Im Anschluss kommt Francke auf die eigentliche Erziehung zu sprechen: er lehnt die seinerzeit um sich greifende »*liberale Education*« ab, die darin besteht, dem Prinzen seinen »Eigen=Wille von Kindes=Beinen an« zu lassen:

> Weil nun der menschliche Wille ohne dem von Natur zu allen Bösen geneiget ist, und zwar bey Fürsten nicht weniger als bey andern Menschen, so ist eine solche *Education* mehr eine thierische als fürstliche Education zu nennen, und wäre kein Wunder, daß denn lauter *bestien* und wilde Thiere und nicht einmahl vernünftige Menschen durch dergleichen Erziehung gemacht würden.

Das von Francke abgelehnte »liberale« Erziehungsprogramm sei seines Erachtens nicht geeignet, den »verderbten Eigen=Willen [des Prinzen] zu brechen«. Zu diesem Zweck sollte der Erzieher dem Prinzen vielmehr »die *Majestät* und

---

[53] Hinrichs, Friedrich Wilhelm I., 559-599. Vgl. auch Klaus Deppermann: Die Entwicklung der Beziehungen des halleschen Pietismus zum Berliner Hof in den Jahren 1700–1704 und Franckes Pläne zu einer inneren Reform Brandenburg-Preußens. In: ders., Der hallesche Pietismus, 141–154.

[54] Deppermann, Der hallesche Pietismus, 29.

[55] Vgl. Martin Schmidt: Der Beitrag der evangelischen Kirchengeschichte zum Aufstieg Berlins. In: Jahrbuch für die Geschichte Mittel- und Ostdeutschlands 20, 1971, 69–88, hier 79. Schmidt beruft sich auf eine Äußerung Hinrichs' (Preußentum und Pietismus, 23), die von Johannes Wallmann (Spener in Berlin, 302f.) aber bestritten wird.

grandeur des lebendigen Gottes und Schöpfers Himmels und der Erden« vorstellen, um ihm »eine heilige Furcht vor Gott ins Hertz zu pflantzen«. Francke bilanziert sein Erziehungsprogramm mit den Worten: »Es ist und bleibt aber die Furcht Gottes der Weißheit Anfang.« Die wichtigste Quelle für historische und sonstige politischen Fragen des prädestinierten Thronfolgers ist daher auch die Bibel. Francke empfiehlt, die Geschichte der guten und der bösen Herrscher, wie sie aus der biblischen und aus der Weltgeschichte entnommen werden könne, dem Prinzen darzulegen, damit der Zögling »für den Bösen einen Abscheü, hingegen eine Liebe zur Nachfolge löblicher Printzen und Regenten gewinnen« möchte. Francke bewegt sich mit dieser Empfehlung der historischen Exempla auf tradierten Pfaden: sie entspricht Augustinus' Rechtfertigung des Studiums der Geschichte als eines Mittels, die Gründe und Absichten der göttlichen Strafgerichte kennenzulernen. Erst jetzt, im letzten Viertel seiner Erziehungsschrift, empfiehlt Francke auch über die Bibel hinausreichende Erziehungsliteratur, unter anderm von Philipp Melanchthon (1497–1560), Jacques-Bénigne Bossuet (1627–1704) und Christian Hoburg (1607–1675). Die ausgewählte Literatur bewährt sich im bereits angerissenen dialektischen Schema von guten und bösen Herrscherfiguren:

> Hiebey ist dann nicht zu versäumen, daß dem Printzen stets eingepräget werde, wie Gott Könige und Fürsten stürtze, wann sie stolz sind, sich der Schwelgerey und den Wollüsten ergeben, und in *Summa* ihre Herrschaft nicht zu Gottes Ehre und der Untertahnen Besten, sondern nur zum großen Pracht und wollüstigen Leben anwenden. Wobey die Bedrückung und das Seüfzen der Untertahnen nicht außen bleiben kan.

Als ein Positivbeispiel gilt Francke Ernst der Fromme v. Sachsen-Gotha (1601–1675), der sein sozialpolitisches Engagement mit einem christlichen Auftrag versah. Das Traktat schließt mit einem Zitat aus dem Buch Jesus Sirach: »Drum alle Weisheit [...] ist von Gott dem Herrn, und bleibet bey ih[m] ewiglich.«

1.4.3 Hintergrund

Auffällig, aber nicht weiter verwunderlich ist die Sozialdisziplinierung, die aus Franckes Text spricht: Friedrich Wilhelm soll christlich erzogen werden, zugleich wird diese Forderung aber von Francke im Zusammenhang mit der Gesundheit des Staates und der Bevölkerung beurteilt. Im Entwurf scheint dieses Moment noch stärker durch, ebenso wie die Betonung der Verantwortung des Herrschers für seine Untertanen und sein Land.[56] Mit dieser Sozialdisziplinierung souveräner Verantwortlichkeit ist das Erziehungskonzept Franckes eng verbunden.[57]

---

[56] August Hermann Francke: Einige Gedancken von der Aufferziehung eines zum Regiment destinirten Printzen. Entwurf (AFSt/H A 183 : 10, [Bl. 4r]).

[57] Vgl. Friedrich Franz Mentzel: Rezension zu Peter Menck: Die Erziehung der Jugend zur Ehre Gottes und zum Nutzen des Nächsten. Die Pädagogik August Hermann Franckes. In: Paedagogica Historica 39, 2003, 226–229; Peter Menck: Unwissenheit und Bosheit. Über die Grundlagen der Erziehung bei August Hermann Francke. In: Aufklärung und Erneuerung. Beiträge zur Geschichte der Universität Halle im ersten Jahrhundert ihres Bestehens (1694–1806). Hg. v. Günter Jerouschek. Hanau 1994, 182–191.

Ein Jahrzehnt vor der Wende zum 18. Jahrhundert hatte eine breite Debatte über neue Vorstellungen von kindgerechter Pädagogik eingesetzt. Hatte bis dahin kaum eine geschlossene Erziehungskonzeption existiert (sie wurde vielmehr von den Eltern als äußerliches Geschäft nebenher betrieben), so erschienen im letzten Jahrzehnt des 17. Jahrhunderts mit Unterstützung Franckes zwei herausragende Erziehungsschriften auf dem Buchmarkt, die August Hermann Francke, wenn nicht übersetzt, so doch vorwortlich gutgeheißen hatte[58] und die einer Verinnerlichung sittlicher Normen zuarbeiten. Zum einen handelt es sich um François de Salignac de la Mothe-Fénelons *Traité de l'éducation des filles*, das bereits 1681 entstanden, aber erst 1687 im Druck erschienen war und – erstmals – ein Konzept für die (katholische) Mädchenerziehung bereitstellte.[59] Durch Francke bzw. durch einen seiner Mitarbeiter war bereits 1698 eine Übersetzung von Fénelons Traktat gedruckt worden.[60] Zum anderen handelt es sich um die 1693 erschienene Ausgabe von John Lockes *Some Thoughts Concerning Education*.[61] 1708 werden Fénelons und Lockes erziehungstheoretische Schriften in deutscher Übersetzung gemeinsam in einem Band veröffentlicht.[62]

Die Schriften Fénelons und Lockes stehen am Beginn einer pädagogischen Neuverortung um 1700. Beide greifen den augustinischen Leib-Seele-Dualismus auf, der Francke auch durch Luthers Ablehnung des Thomismus bekannt war.[63] Besonders signifikant ist der Umgang Franckes mit Fénelons Vorwurf, einzig die römisch-katholische Kirche könne in Ableitung von Christi Herkunft pädagogische Autorität beanspruchen. Fritz Osterwalder hat gezeigt, dass Francke diesen Vorwurf nicht zu entkräften sucht, sondern noch radikalisiert, indem er ihn pädagogisiert: Nicht nur die Seele des Zöglings sei durch Buße und Beichte positiv wandelbar, sondern auch die des Erziehers – er muss die Transformation, die er bei seinem Zögling erreichen will, selbst durchgemacht haben: »Das Werck der Erziehung ist über alle Kräfte des natürlichen Menschen«,[64] weshalb

---

[58] Als Übersetzer fungiert der Mühlhauser Stallmeister Georg Rudolph v. Marschall (Lebensdaten unbekannt), dessen Gattin Marie Sophie v. Podewils († 1700) mit A. H. Francke in Kontakt stand, vgl. Christoph Schmitt-Maaß: Quietistic Pietists? The Reception of Fénelon in Central Germany c. 1700. In: Fénelon in the Enlightenment: Traditions, Adaptations, and Variations. Hg. v. dems. [u. a.]. Amsterdam, New York 2014 (Internationale Forschungen zur Allgemeinen und Vergleichenden Literaturwissenschaft, Bd. 178), 147–171, hier 153–156.

[59] François de Salignac de la Mothe-Fénelon: De l'éducation des filles. Paris: Aubouin, 1687.

[60] Von der Erziehung der Töchter/ Durch den Hn. Abt von Fenelon [...]. Aus dem Frantzösischen übersetzet. Mit einer Vorrede August Hermann Franckens [...]. Halle, Leipzig: Fritsch, 1698.

[61] John Locke: Some thoughts concerning education. London: Churchill, 1693. Eine eigenständige Buchausgabe der Übersetzung wurde nicht erstellt.

[62] Herrn Johann Locks Unterricht von Erziehung der Kinder aus dem Englischen; Nebst Herrn von Fenelon Ertz-Bischoffs von Cammerich Gedancken von Erziehung der Töchter/aus dem Frantzösischen übersetzet. Mit einigen anmerckungen und einer vorrede. Leipzig: Fritsch, 1708.

[63] Vgl. Fritz Osterwalder: Die Geburt der deutschsprachigen Pädagogik aus dem Geist des evangelischen Dogmas. In: Vierteljahresschrift für wissenschaftliche Pädagogik 68, 1992, 426–454.

[64] August Hermann Francke: Von der Erziehung der Jugend [1698]. In: ders.: Werke in Auswahl. Hg. v. Erhard Peschke. Berlin 1969, 120–123, hier 123.

nur »solche Leute der Erziehung fürgesetzet werden, die gründlich zu Gott bekehret sind.«[65] Nicht die institutionelle Kontinutität der Heiligen Römischen Kirche gewährleistet also die Bekehrung der Seele des Zöglings, sondern nur die Gotteskindschaft des Erziehers.[66] Wie auch Fénelon so entwirft Francke einen weltumspannenden Erziehungsanspruch, der sich zwischen dem Rahmen der eigenen Auserwähltheit und dem Elend der Welt entfaltet. Francke kann Fénelons Erziehungskonzept in sein eigenes Konzept von individueller Innerlichkeit und universaler Mission integrieren und damit die pädagogische Intention des Pietismus begründen.[67] Daraus erklärt sich auch seine Bezugnahme auf Herzog Ernst den Frommen v. Sachsen-Gotha, in dessen Diensten Franckes Vater gestanden hatte: Ernst hatte einen protestantischen Musterstaat errichtet,[68] das Schulwesen seiner Zeit reorganisiert[69] und gerade darin vorbildhaft auf Francke gewirkt.[70]

Hatte Francke seine Interpretation von Fénelons Erziehungsschrift mit Johann Arndts (1555–1621) Konzentration auf den »innwendigen Menschen«[71] verbunden und die *Éducation des filles* mit seiner Molinos-Lektüre synchronisiert,[72] so verdankt sich die entscheidende Anregung zur Verbindung von Leib-Seele-Dualismus und Transformation der Seele mit pädagogischer Konzeption doch John Lockes (1632–1704) Erziehungsschrift.[73] Locke beschreibt die Transformation der Seele nicht unter der teleologischen Perspektive als Heilung eines krankhaften Zustandes, sondern in Anschluss an aufgeklärte Positionen als vernunftkontrollierte Steuerung des gesellschaftlichen ›Körpers‹. Den pietistischen wie den jansenistischen Pädagogen eint das Ziel einer Restitution der ›kranken‹ Seele durch innere Transformation: »Daß ihnen [den Kindern] ein wahres, auff das innerliche und dessen gründliche Besserung abzielendes Christenthum

---

65 Francke, Von der Erziehung der Jugend, 123.

66 Rousseaus Erziehungskonzept, wie er es in seinen an Augustinus angelehnten »Confessions« darlegt, schließt implizit an diesem Erzieher-Konzept an, vgl. Jean-Jacques Rousseau: Confessions. In: ders.: Œuvres complètes. Hg. v. Bernard Gagnebin u. Marcel Raymond. 4 Bde. Paris 1959–1969 (Bibliothèque de la Pléiade, 11, 153, 169, 208), hier Bd. 1, 242.

67 Spener etwa hat kein solches Konzept (oder allenfalls ein rudimentäres) entwickelt, vgl. Friedrich, Speners Konzept.

68 Friedrich Wilhelm Kantzenbach: Die Erziehungsarbeit Ernst des Frommen von Gotha. In: ders.: Orthodoxie und Pietismus. Gütersloh 1966 (Evangelische Enzyklopädie, 11/12), 114f.

69 Vgl. [Andreas Reyher:] Methodus Oder Bericht/ Wie nechst Göttlicher Verleyhung/ die Knaben und Mägdlein auff den Dorffschafften/ und in den Städten/ die üntere Classes der Schul-Jugend im Fürstenthumb Gotha/ Kürtz- und nützlich unterrichtet werden können und sollen. Auff Gnädigen Fürstlichen Befehl auffgesetzet. Gotha: Johann Michael Schall, 1658.

70 Francke bezieht sich etwa in seinen Entwürfen für das Pädagogium auf den Gothaer Schulmethodus, vgl. Albrecht-Birkner, Reformation des Lebens, 444.

71 Johann Arndt: Das dritte Buch vom wahren Christenthumb: Vom inwendigen Menschen [...]. Lüneburg: Johann u. Heinrich Sturm, 1653.

72 Vgl. Erhard Peschke: Bekehrung und Reform: Ansatz und Wurzeln der Theologie August Hermann Franckes. Berlin 1977 (Arbeiten zur Geschichte des Pietismus, 15), 30–40.

73 Vgl. Fritz Osterwalder: Theologische Konzepte von Erziehung. Das Verhältnis von Fénelon und Francke. In: Das Kind in Pietismus und Aufklärung. Beiträge des internationalen Symposions vom 12.–15. November 1997 in den Franckeschen Stiftungen zu Halle. Hg. v. Josef N. Neumann. U. Udo Stärter. Tübingen 2000 (Hallesche Forschungen, 5), 79–94, hier 88–91.

eingeflößet werde«.[74] Wie Fénelon in Anschluss an die auf Prinzen gemünzte Erziehungsdevise des Jansenisten Pierre Nicole (1625–1695) formuliert, dass Mädchen göttliche Aufgaben in der Welt wahrzunehmen hätten, so formuliert auch Francke, dass praktische Tätigkeiten nur den Hauptzweck erfüllten, die Welt durch Taten zu heiligen. Die Transformation der Seele hin auf Gott ist durch die Wahlfreiheit der Seele gegeben; *paedagogica* heißt in diesem Zusammenhang, durch Gottesdienst die Seele auf ihre Transformation zum Guten hin zu lenken.[75]

Locke geht in seiner Erziehungsschrift auf den normativen Vernunftbegriff zurück, wie er ihn in *The Reasonableness of Christianity* (1695) entworfen hatte, in dem das (wahre) Christentum nur noch Glauben an einen von Gott gesandten moralischen Lehrer und Gesetzgeber ist, insofern entspricht dann auch die natürliche Religion der wahren Vernunft. In seiner Erziehungsschrift verwirft Locke die übliche schulmäßige Unterweisung und idealisiert die Privaterziehung als Heranbildung eines selbstständigen und sozialen Individuums – der »gentle man« stellt (auf dem Festland als »honnête homme«) – den Idealtypus der gelungenen Erziehung dar.[76] Locke verbürgerlicht damit das ursprünglich adlige Erziehungsmodell und eröffnet so für das entstehende Bürgertum neue pädagogische Möglichkeiten.

Auf diesen beiden Fundamenten ruht Franckes Erziehungskonzept oder vielmehr: Fénelons und Lockes Erziehungskonzepte konvergieren in Franckes Lektüre beider Erziehungsschriften. Franckes auf der altlutherischen Dreiständelehre basierendes Erziehungskonzept, wie es sich kurz vor 1700 herausbildete, bestand mit Blick auf die Waisen zunächst vorwiegend in einer christlich wirkenden Sozialdisziplinierung. In seiner *Ordnung und Lehrart der Waisenhausschulen* von 1702 beziehen sich vier von sechs Paragraphen, die einführend die Lernziele benennen, auf die Katechese und ihre Organisation.[77] Der Sinn dieser Unterweisung besteht in der »Einpflanzung von moralischen Maximen«, bei gleichzeitiger Bewusstmachung »der eigenen Unzulänglichkeit. Dieses Erziehungsziel hielt Francke fraglos für wichtiger als die Vermittlung von Kulturtechniken wie Lesen, Schreiben und Rechnen.«[78]

---

[74] Francke, Von der Erziehung der Jugend, 122.

[75] Vgl. Johann Anastasius Freylingshausen: Grundlegung der Theologie, darin die Glaubenslehren […] vorgetragen [1703]. 12. Auflage. Halle: Waysenhaus-Druckerei, 1755, 147.

[76] Vgl. Rudolf Martin Vogel: Erziehung im Gesellschaftssystem. München 1970 (Grundfragen der Erziehungswissenschaft, 4), 60.

[77] August Hermann Francke: Ordnung und Lehrart, wie selbige in denen zum Waisenhause gehörigen Schulen eingeführet ist, worinnen vornehmlich zu befinden, wie die Kinder in und außer der Schul in christlicher Zucht zu halten und zum Lesen, zierlichen Schreiben, Rechnen, wie auch zur Musik und andern nützlichen Dingen anzufahren sind [1702]. In: ders.: Pädagogische Schriften. Hg. v. Gustav Kramer. Langensalza ^{2}1885 (Bibliothek pädagogischer Klassiker), 107–175, hier 116.

[78] Juliane Dittrich-Jacobi: Pietismus und Pädagogik im Konstitutionsprozeß der bürgerlichen Gesellschaft. Historisch-systematische Untersuchung der Pädagogik August Hermann Franckes (1663–1727). Diss. [masch.]. Bielefeld 1976, 177.

Mit dem wachsenden guten Ruf der Waisenanstalten in Glaucha findet zunehmend eine andere Klientel Aufnahme: zunächst die Bürgersöhne, später auch der Adel. Das neu entstehende Pädagogium nimmt zunächst Bürgersöhne, bald jedoch verstärkt Kinder des »Herrenstandes« auf. Im Pädagogium des Glauchaschen Waisenhauses liegt das ›bürgerliche‹ Erziehungsziel in der Heranziehung eines »öffentlichen Standes«, das heißt in der Vermittlung individueller Qualifikationen, die die Schüler politisch wie ökonomisch befähigen, eine ›gute Politik‹ auszuüben.[79] Das Pädagogium in Glaucha löst damit die älteren Ritterakademien als schulische Ausbildungsstätten des preußischen Berufsbeamtentums ab. Unterschieden sich die Ritterakademien von der höfischen Erziehung vor allem darin, dass sie auf einen Hofmeister verzichteten, der den Schüler pädagogisch leitete, auf allen Reisen begleitete und an seiner Stelle Fachlehrer setzt, so versucht Francke in seiner *Ordnung und Lehrart des Pädagogiums*[80] (1696) eine Integration der Hofmeistererziehung. Ziel dieser Erziehung sind »Gottseeligkeit« (d.h. Frömmigkeit) und »Klugheit« (d.h. gesellschaftliche Integration durch Ausbildung politisch oder ökonomisch wünschenswerter Fähigkeiten). Im *Kurzen und einfältigen Unterricht* (1702) formuliert Francke:

> Alle Klugheit aber [...] ruhet auf 2 Hauptsäulen, nämlich auf Wissenschaft oder Erkenntnis, und der Erfahrung, mit diesem Unterschied, daß jene diese beiden Stücke mißbrauchet, diese aber dieselben recht gebrauchet [...]. Solche gehet nun nicht allein die Gelehrten an, sondern insgemein alle Menschen, sie seien welchen Standes sie wollen, daher auch hierinnen zunächst der Gottseeligkeit, bei denen Kindern ein wahrer Grund zu legen, damit sie in ihrem Leben klüglich handeln, Gott setze sie in eine Art zu leben, wie er wolle.[81]

Francke differenziert für das Pädagogium die Erziehungsvorstellungen aus, die für die Waisenhauszöglinge nicht in Betracht kommen: Im standesspezifisch ausgerichteten *Projecte wie die Anführung des Herrenstandes, Adelicher und anderer führnehmer Jugend veranstaltet und zum guten Theils wirklich eingerichtet und angefangen* von 1698 definiert Francke die Erziehung junger Adliger vor allem durch die ›nützliche Wissenschaft‹ der Ökonomie.[82] Damit soll der einmal ererbte

---

79 Dietrich-Jacobi, Pietismus und Pädagogik, 221. Vgl. auch Hinrichs, Preußentum und Pietismus, 216.

80 August Hermann Francke: Ordnung und Lehrart, wie selbige in dem Paedagogio zu Glaucha an Halle eingeführet ist: worinnen vornehmlich zu befinden, wie die Jugend, nebst der Anweisung zum Christentum, in Sprachen und Wissenschaften, als in der lateinischen, griechischen, ebräischen und französischen Sprache, wie auch in Calligraphia, Geographia, Historia, Arithmetica, Geometria, Oratoria, Theologia und in Fundamentia astronomicis, botanicis, anatomicis etc. auf eine kurze und leichte Methode zu unterrichten und zu denen Studiis Academicis zu präparieren sei [1696]. In: ders.: Pädagogische Schriften. Hg. v. Gustav Kramer. Langensalza ^{2}1885, 205–285.

81 August Hermann Francke: Kurzer und einfältiger Unterricht, wie die Kinder zur wahren Gottseeligkeit und christlichen Klugheit anzuführen sind, ehemals zu Behuf christlicher Informatorum entworfen, und nun auf Begehren in Druck gegeben [1702]. In: ders.: Pädagogische Schriften. Hg. v. Gustav Kramer. Langensalza ^{2}1885, 15–71, hier 55f.

82 August Hermann Francke: Projecte wie die Anführung des Herrenstandes, Adelicher und anderer führnehmer Jugend veranstaltet und zum guten Theils wirklich eingerichtet und angefangen. Zu Halle im Herzogtum Magdeburg. Anno 1698. In: ders.: Pädagogische Schriften. Hg. v. Gustav Kramer. Langensalza ^{2}1885, 506–511.

Besitz bewahrt werden – die theologische Begründung tritt demgegenüber zurück.[83] Francke lehnt die höfischen Umgangsformen als unchristlich ab: »Daß man der Jugend aber viel von Hof-Sitten, welche mehrenteils wider das Christentum und sündlich sind, vorsagen soll, hält man vor unnötig und schädlich.«[84] Jedoch lässt sich das Pädagogium nicht als funktionale Schulgründung beschreiben, die die Herausbildung einer bürokratischen Elite in Preußen mit sich brachte: Vielmehr kommt es Tendenzen einer pädagogischen Neuausrichtung entgegen.[85]

In diesem Rahmen entwickelt sich folglich ein auf Gleichberechtigung zielendes Erziehungsprogramm: Ob Bürgerssohn oder junger Adliger – Francke nivelliert die ständische Erziehung im Sinne einer »bürgerlichen Adelserziehung«,[86] die eine anthropologische Entgrenzung mit sich bringt. So schreibt Francke in seinem *Project zur Erziehung des Grafen Waldeck* (vor 1700):

> Wie denn auch so viel immer müglich eine égalité mit der Erziehung der übrigen sonderlich adelicher Kinder wird gehalten werden müßen, damit nicht durch die unzeitige Erhebung und verstattete praerogativen, alle übrige Erziehung verderbet werde; welches jedoch gar nicht dahin gemeynet ist, als solte die education servilisch sein, sondern nur daß dem Hoffarth, dazu das menschliche Hertze ohne dem geneiget ist, nicht Futter gegeben werde.[87]

Den Schülern des Pädagogiums wird jede Form der Unterhaltung, die nicht zugleich zweckgebunden ist, untersagt – das trifft insbesondere ›höfische‹ Ablenkungen wie Romanlektüren, Brettspiele, Reiten, Tanzen u.v.m.[88] Infolge der pietistischen Variante der Erbsündenlehre wird der einzelne Schüler zudem einer stärkeren individuellen Kontrolle unterworfen, da alle Menschen von Geburt an zur »Bosheit« neigten.[89]

Die pädagogischen Zwänge in Franckes Lehre sollten die Überwindung der Erbsünde ermöglichen und legitimierten damit das Hallesche Pädagogikkonzept, das Francke mit aller Kraft an verschiedenen Punkten voranzutreiben versuchte – sei es in der Etablierung des Halleschen Waisenhauses, sei es in der Waisenhauspädagogik, der Erziehung von Bürgerssöhnen oder in der Prinzen-

---

83 Dittrich-Jacobi, Pietismus und Pädagogik, 233.

84 Francke, Ordnung und Lehrart, wie selbige in dem Paedagogio zu Glaucha an Halle eingeführet ist, 231.

85 Dittrich-Jacobi, Pietismus und Pädagogik, 233.

86 Vgl. Dittrich-Jacobi, Pietismus und Pädagogik, 225.

87 August Hermann Francke: Project zu Erziehung des jungen Herrn Graffen von Waldeck [1700] (AFSt/H D 121 : 39, Bl. 95r). Zitiert nach der Edition bei Peter Menck: Die Erziehung der Jugend zur Ehre Gottes und zum Nutzen des Nächsten. Die Pädagogik August Hermann Franckes. Tübingen 2001 (Hallesche Forschungen, 7), 113–115, hier 114.

88 Anonym: Verzeichnis der merkwürdigsten Dinge welche […] in wöchentlichen Conferentz vorgebracht, Eintrag vom 17.12.1712 u. ö. (AFSt/S A I 212, S. 130).

89 1699 wurde zudem die anonyme Dialogschrift »Beschreibung eines verbesserten Fürsten-Staats durch drey getreue Ministros« publiziert, die die zeitgenössische Regierungsutopien pietistisch deutet (vgl. Thomas Baumann: Zwischen Weltveränderung und Weltflucht. Zum Wandel der pietistischen Utopie im 17. und 18. Jahrhundert. Lahr-Dinglingen 1991 [Edition C-Paperback, 322], 69–86). Verfasser dieser Utopie ist nach eigener Aussage August Hermann Francke, vgl. Brief von August Hermann Francke an Johann Lorenz Schmidt vom 27.9.1725 (AFSt/H A 179 : 116, Bl. 2r).

erziehung. Nicht zuletzt die immer wiederkehrenden Literaturhinweise (Fleury, Fredro etc.) in den Erziehungsinstruktionen für Friedrich Wilhelm (Quelle 2.2) wie auch in den Erziehungsinstruktionen für die Glauchaschen Anstalten[90] zeigen, dass Franckes Erziehungsprogramm standesübergreifend (wenn auch in sich hierarchisch) konzipiert war.

Ein engagierter Förderer aller dieser Projekte war Paul v. Fuchs, der schon Philipp Jakob Spener in Berlin unterstützt hatte und der ab 1697 auch die Leitung des Kirchen- und Schulwesens im Markgrafentum Brandenburg-Preußen innehatte.[91] Franckes Hinzuziehung zur Frage der Prinzenerziehung ist vor dem Hintergrund seiner allgemeinen pädagogischen Bestrebungen nur folgerichtig, zumal die höfische Erziehung Friedrich Wilhelms von Krisen gekennzeichnet war und die Erprobung eines neuen Weges ein erfolgversprechender Schritt schien. Noch um 1702 kam es zu einer neuerlichen pädagogischen Krise, hatte doch der Informator Jean Philippe Rebeur eine Denkschrift verfasst, die die Missstände der Erziehung gegenüber dem Hofmeister wie den königlichen Eltern kommunizierte.[92]

Ulrich Herrmann versucht, zwischen einer religiös begründeten, infolge der Erbsünde restriktiven »Kinderzucht« durch die Pietisten und einer emanzipatorischen, die mentalen und körperlichen Möglichkeiten entwickelnden »Pädagogik« durch die Aufklärer zu unterscheiden.[93] Diese Kontrastierung ist so überspitzt wie unzutreffend.[94] Vielmehr stehen beide Ausrichtungen vor dem Hintergrund einer sich Ende des 17., Anfang des 18. Jahrhunderts entwickelnden Sozialdisziplinierung, die mit der Ökonomisierung der Gesellschaft einherging. In ihrer antihöfischen Ausrichtung treffen sich beide Erziehungsvorstellung: das Hofleben – so Francke in seinem *Großen Aufsatz* (1704) – sei zu einem Grad verfeinert und korrupt, dass eine gottgefällige Staatslenkung durch die herrschenden Eliten nicht mehr gewährleistet sei.

Francke lanciert geschickt zwischen den Vorgaben einer (dem Hofe angemessenen) fürstlichen Erziehung und den eigenen pädagogischen Ansprüchen. Daher arrangiert Francke mutmaßlich die Erziehungsinstruktionen von 1662 um und reichert sie um genuine Momente seiner »pietistischen Pädagogik« an.

---

90 Vgl. z. B. Francke, Kurzer und einfältiger Unterricht, 56.

91 Vgl. Hinrichs, Friedrich Wilhelm I., 568.

92 Nach Hinrichs, Friedrich Wilhelm I., 3.

93 Ulrich Herrmann: Aufklärung und Erziehung. Studien zur Funktion der Erziehung im Konstitutionsprozeß der bürgerlichen Gesellschaft im 18. und frühen 19. Jahrhundert. Weinheim 1993, 31–42.

94 Vgl. dazu im folgenden Richard L. Gawthorp: Pedagogy and Reform in Halle Pietism and the German Enlightenment. In: Udo Sträter (Hg.): Interdisziplinäre Pietismusforschung. Beiträge zum Ersten Internationalen Kongress für Pietismusforschung. Hg. v. Udo Sträter [u. a.]. Tübingen 2005 (Hallesche Forschungen, 17), 529–535, hier 530f.

1.5 »Le bon naturel est la base et le fondement de tout.« Gottfried Wilhelm Leibniz' Entwürfe (um 1693/vor 1700)

1.5.1 Vorbemerkung

Gottfried Wilhelm Leibniz hatte bis 1697 nur sporadischen Kontakt mit dem Hof von Brandenburg – etwa durch Kurfürstin Sophie Charlotte, Hofrat Johann Jacob Julius Chuno (1661–1715), Staatsminister Eberhard v. Danckelmann oder den Hofprediger Daniel Ernst Jablonski (1660–1741). Bereits 1684 hatte sich Danckelmann von Leibniz Pläne zu einer »Societas Electoralis Brandeburgica exemplo Reginarum Londenensis et Parisiensis«[95] vorlegen lassen, die das Projekt der 1700 gegründeten Preußischen Akademie der Wissenschaften *in nuce* enthalten, aber zunächst unberücksichtigt blieben.[96] Diese Schrift könnte – ebenso wie seine *Lettre sur l'éducation d'un prince* (Quelle 2.3) – anlässlich des 20. Januar 1695 entstanden sein, als sich der brandenburgische Kurfürst in Begleitung von Eberhard v. Danckelmann, Ezekiel v. Spanheim (1629–1710) und Johann Jacob Julius Chuno in Hannover aufhielt, »vielleicht, nachdem sich eine Zusammenkunft mit dem Premierminister [Danckelmann] nicht ergeben hatte.«[97]

Auf das Jahr 1685 zurück datiert ein Memorandum von Leibniz' Hand, das auf die anonym verfasste Abhandlung *Projet de l'éducation d'un prince* reagiert. Von dieser anonymen Abhandlung fertigte Leibniz Exzerpte und entwarf ein Antwortschreiben, von dem sich verschiedene Entwicklungsstufen erhalten haben, die auf die Jahre 1690, um 1693 (Quelle 2.3), 1703 und auf die Zeit von 1709 bis 1711 datiert werden können.[98]

Während die Akademie-Ausgabe der letzterwähnten Fassung den Vorzug gibt, beziehen wir uns hier auf die Transkription der zweiten Fassung, da sie – bedingt durch die Handschrift von Gottfried Christian Otto (* 1670), der von 1690 bis 1693 seinen Dienst bei Leibniz versah – zwischen 1690 und 1693 entstanden sein muss und mit dem Vermerk »cette piece a eté faite en 1690« versehen ist. Dieser Entwurf dürfte damit in unmittelbaren Zusammenhang mit den Erziehungsinstruktionen am Brandenburger Hof stehen. Leibniz empfiehlt seine Erziehungsschrift jedenfalls 1695 Chuno, dem Geheimen Kabinettsarchivar und ehemaligen Sekretär Eberhard v. Danckelmanns.[99] Im Folgenden soll die Fassung

---

95 LAA I.11, 157–160.

96 Vgl. Karl Dürr: Metaphysik und wissenschaftliche Philosophie. Berlin 1967, 24f.

97 LAA I.11, 157. In einem Brief an Ezekiel Spanheim bekundet Leibniz im Juli 1695 zudem sein Interesse, in brandenburgische Dienste überzutreten, vgl. LAA I.11, 598, Anm. 23.

98 Vgl. den Kommentar in LAA IV.3, 542–545, hier 544.

99 Brief von Gottfried Wilhelm Leibniz an Johann Jacob Julius Chuno vom 21.–24.4.1695, LAA I.11, 415. Zu Chunos Bedeutung bei der Gründung der Preußischen Akademie der Wissenschaften vgl. Hans-Stephan Brather: Leibniz und seine Akademie. Ausgewählte Quellen zur Geschichte der Berliner Sozietät der Wissenschaften (1697–1716). Berlin 1993, 46f.

von 1693 berücksichtigt werden, die in unmittelbaren Zusammenhang mit den Erziehungsinstruktionen am Brandenburger Hof stehen dürfte.[100]

Von Leibniz' Hand hat sich eine zweite Erziehungsschrift für einen »Prince Royale« erhalten; sie liegt heute in Entwurf und Reinschrift in der Nationalbibliothek Warschau. Diese *Cogitata de insigni bonitate et multa sapientia Principi juvini inspirianda* (Quelle 2.4) sind aufgrund ihrer Adressierung an einen königlichen Prinzen (sofern sie sich auf Friedrich Wilhelm beziehen) auf die Zeit nach 1701 zu datieren. Drei Jahre zuvor hatte Leibniz Sophie Charlotte in Hannover getroffen, wohl, um die innerprotestantischen Unionspläne voranzutreiben.

Ihr Inhalt der *Cogitate* ist weitgehend identisch mit dem *Projet de l'éducation d'un prince*. Auf die eine oder andere Weise hat Leibniz folglich Einfluss auf die Erziehungskonzeptionen des Brandenburger Hofes genommen – ob bereits vor oder erst nach 1700, wird sich mit Sicherheit nicht mehr bestimmen lassen. Auch für einen direkten Kontakt zwischen Francke und Leibniz in der fraglichen Zeit gibt es bislang keine Hinweise: Zwar hatte Franckes Mitarbeiter Georg Heinrich Neubauer (1666–1725) 1697 den Kontakt zwischen Leibniz und Francke vermittelt,[101] dieser kreiste jedoch zunächst um Fragen der Chinamission und berührte nur gelegentlich pädagogische Interessen.[102] Leibniz beschreibt Franckes Schulen etwa gegenüber Zar Peter dem Großen (1672–1725) als ideale Vorbilder für eine Reform des russischen Schulsystems.[103]

---

[100] Die spätere Abschrift von 1703 (LAA IV.3, 544) ist hingegen wahrscheinlich für den Sohn August des Starken, Friedrich August (1696–1763), – seinerzeit Kurprinz von Sachsen und nachmaliger König August II. von Polen – entstanden: Leibniz erhielt vom Beichtvater August des Starken 1703 ein Dankschreiben, dem zu entnehmen ist, dass seine Instruktionen in Dresden begeistere Aufnahme gefunden haben, vgl. Brief von Carl Moritz Vota (1629–1715) an Gottfried Wilhelm Leibniz vom 17.4.1703, zit. n. Rudolf Grieser: Leibniz und das Problem des Prinzenerziehung. In: Leibniz. Sein Leben, sein Wirken, seine Welt. Hg. v. Wilhelm Totok u. Carl Haase. Hannover 1966, 511–533, hier 530. Möglicherweise war diese spätere Fassung aber auch durch eine neuerliche Erziehungskrise am Berliner Hof motiviert (Leibniz bittet 1707 Daniel Ernst Jablonski, den von Paul v. Fuchs vermittelten Berliner Hofprediger (vgl. Brief von Daniel Ernst Jablonski an Paul v. Fuchs vom 19.12.1692, Stab/F 11,2/9: 7), um Rückgabe seiner Erziehungsinstruktionen für den Kronprinzen Friedrich Wilhelm, zit. n. LAA IV.3, 545f.)

[101] Vgl. Brief von August Hermann Francke an Gottfried Wilhelm Leibniz vom 9.8.1697, LAA I.14, 334.

[102] Werner Wiater: G. W. Leibniz und seine Bedeutung in der Pädagogik. Ein Beitrag zur pädagogischen Rezeptionsgeschichte. Hildesheim 1985 (Beiträge zur historischen Bildungsforschung, 1), 188f. Leibniz nahm zunächst Kontakt zu Francke auf, um seine Pläne einer Chinamission zu erörtern. Francke antwortet Leibniz, indem er seine Schriften zur Errichtung eines Waisenhauses sendet. Darüber entspannte sich um 1697 und neuerlich um 1714 eine Diskussion um pädagogische Fragen, in deren Folge Leibniz auch das in Frankreich kultivierte Ideal des »honneste homme« ablehnte.

[103] Wiater, Leibniz und seine Bedeutung, 200f.

1.5.2 Inhalt

Was fordert nun Leibniz, wie sieht sein Ideal eines Prinzen aus? Betrachten wir zunächst den Entwurf zum *Projet de l'éducation d'un Prince* (Quelle 2.3):[104] Leibniz unterscheidet drei Grade der prinzlichen Erziehung, die er unter dem Stichwort der »necessité«, der »usage« und des »ornements« zusammenfasst. Der erste Grad, gekennzeichnet durch Notwendigkeit, unterscheidet den »homme de bien« vom »homme de coeur«, vom »homme de jugement« und vom »honnestte homme«. Die Charaktereigenschaften des Ehrenmannes, des Edelmannes und des Weisen kulminieren im Ideal des »honnestte homme«. Der zweite Grad, gekennzeichnet durch Nützlichkeit, spezifiziert die militärische und politische Ausbildung des »homme d'Estat«, der zugleich (hier finden wir eine Prägung, die erst durch Friedrich den Großen geläufig wird) erster Diener seines Staates ist. Zu den Aufgaben dieses Staatsmannes gehören Rechnungswesen, Diplomatie, Jurisprudenz; seine Kenntnisse betreffen den Festungsbau ebenso wie das Heereswesen. Entscheidender als alle notwendigen und nützlichen Kenntnisse jedoch ist der »troisième degré de perfection«, die ›zierlichen‹ Kenntnisse: ihnen widmet Leibniz vier Fünftel seiner Abhandlung. Einleitend schränkt Leibniz aber ein, dass nur jene Prinzen sich eines solchen Unterrichts zu befleißen haben, die auch von der Natur mit den entsprechenden Anlagen gesegnet sind. Die Wissensgebiete, auf denen der »honnestte homme« Kenntnisse erwerben soll, umfassen die Geschichtswissenschaft, Geographie, Genealogie, Recht, Theologie, Ökonomie, Gartenbau, Architektur, Mathematik, Medizin und Chemie, mit einem Satz: »les beaux arts, les secrets de la nature« oder auch »toute sorte de professions«. Um einem solch umfassenden Bildungsanspruch gerecht werden zu können, muss der Prinz selbstverständlich auf alle unnützen Zerstreuungen verzichten. Wohlgemerkt: dieses umfassende Bildungsprogramm ist in den Kontext einer galanten Wissenschaft integriert und alle Kenntnisse kommen in der höfischen Kommunikation als »mille jolies choses« zum Einsatz – Wissenschaft als Teil der Unterhaltung. Deswegen soll der Prinz neben einem perfekten mündlichen und schriftlichen Ausdruck (vor allem im Französischen) auch die Kunst des Komponierens und Singens beherrschen. Leibniz stellt selbst die kritische Frage, wie ein junger Prinz dieses universelle Bildungsprogramm absolvieren solle, und seine Antwort lautet: wenn er wirklich ein Prinz zu sein verdient, dann verfügt er über eine gesteigerte Auffassungsgabe, die die Bewältigung eines solchen Lernpensums als Vergnügen auffasst. Darin drückt sich nach Leibniz auch das »bon naturel« eines königlichen Prinzen aus, das die Basis und das Fundament der gesamten Erziehung sei.

Leibniz unterfüttert sein universelles Bildungsprogramm jedoch auch durch pragmatische Vorschläge: so soll dem Prinzen ein Kind zur Seite gestellt werden, zu dem der Dauphin in Konkurrenz treten kann; auch soll dieser zunächst kleine Stücke, später Reden einstudieren – ein Vorschlag, der bereits in den Erziehungs-

[104] Vgl. auch die ausführliche Darstellung bei Wiater, Leibniz und seine Bedeutung, 175–181.

instruktionen für Karl Emil begegnet. Leibniz plädiert für einen spielerischen Umgang mit dem Lernmaterial und für ein anwendungsbezogenes Lernen, etwa den aktiven Spracherwerb. Im anschaulichen Unterricht soll die Einbildungskraft des kindlichen Zöglings genutzt werden, um den Gebrauch der Vernunft zu erlernen. »Jusqu'icy la raison s'est servie de l'escorte de l'imagination.« Ähnlich wie die Erziehungsinstruktion für Karl Emil aus dem Jahr 1662 und Franckes Entwurf von 1694 betont auch Leibniz die Notwendigkeit, nur moralisch unbedenklichen Personen den Zugang zum Prinzen zu gewähren; gleichfalls sollen die Erzieher höchsten Vorbildfunktionen entsprechen. Abgelehnt wird abschließend noch die Kavalierstour, da sich jenseits von Rhein und Alpen das Kriegshandwerk und die Vaterlandsliebe nur unzureichend erlernen ließen.[105] Leibniz schließt wie Francke, indem er Ernst den Frommen als musterhaftes Vorbild empfiehlt und an die Fürsorgepflicht und Verantwortung des zukünftigen Herrschers für sein Volk erinnert. Leibniz erwähnt in seinen pädagogischen Projekten wiederholt Herzog Ernst als lebendiges Vorbild, in dessen Person Prinzen- und Volkserziehung musterhaft zusammenfallen.[106]

Zieht man nun zum Vergleich die Erziehungsschrift der *Cogitata* heran (Quelle 2.4), so ergeben sich weitgehende Übereinstimmungen zur *Lettre* (Quelle 2.3). Auch hier argumentiert Leibniz in einem *circulus vitiosus*, dass der Prinz durch seine ausgezeichneten Eigenschaften alle Voraussetzungen für einen »honneste homme« mitbringen, sich als solcher aber auch erst beweisen müsse. Leibniz unterscheidet zwei Eigenschaften, die der Prinz vor allen anderen Menschen auszeichnet: eine große Güte (»grande bonté«) und große Weißheit (»beaucoup de sagesse«). Besonders die Güte des Prinzen muss befördert werden – ein humanistisches Bildungsprogramm wird entworfen, in dem sich die Weisheit (»sagesse«) aus der Güte (»bonté«) heraus entwickelt. Güte und Weisheit als Wesensgrundlage eines künftigen Herrschers garantieren das Wohl der Untertanen als Ziel monarchischen Handelns. Diese Güte lässt sich durch den Verzicht auf alle unnützen Tätigkeiten erreichen, durch einen Verzicht auf Ablenkung und Spektakel. Insgesamt bleibt die *Cogitata* gegenüber dem *Projet* sehr allgemein gehalten; die *Cogitata* warnen vor allem vor dem falschen »honnestes gens«, die sich beim Prinzen Einfluss verschaffen und das Wohl des Staates gefährden könnten. In seiner Forderung nach Güte (der Prinz müsse

---

105 Leibniz fertigte 1700 einen Entwurf, der in Friedrichs III. Edikt zum Verbot der *grand tour* Jugendlicher eingegangen ist, vgl. Edict, wodurch das Reisen der Jugendlichen in auswärtigen Provintzien verbothen, 8. Juli 1700 (vgl. Adolf v. Harnack: Geschichte der Königlichen Preußischen Akademie der Wissenschaften. Bd. 1, 1. Hälfte. Berlin 1900, 91–96). Das lässt gleichfalls den Schluss zu, dass diese Fassung kurz vor oder um 1700 entstanden sein muss.

106 Vgl. Wiater, Leibniz und seine Bedeutung, 216 sowie Veronika Albrecht-Birkner: Reformation des Lebens. Die Reformen Herzog Ernsts des Frommen von Sachsen-Gotha und ihre Auswirkungen auf Frömmigkeit, Schule und Alltag im ländlichen Raum (1640–1675). Leipzig 2001 (Leucorea-Studien zur Geschichte der Reformation und der Lutherischen Orthodoxie, 1), 424f.

gerecht, barmherzig, mildtätig, einfühlsam und hilfsbereit sein) liegt Leibniz auf einer Linie mit Francke, auch wenn sein Stil – zumal in der *Cogitata* – mehr eloquent als sachbezogen ist und er den höfischen Regeln folgt, wenn er etwa eingangs betont, welche Ehre es sei, zu einem solchen Thema wie der prinzlichen Erziehung seine Meinung äußern zu dürfen.

Ganz anders als bei Francke wird aber – und das ist im Gefüge der höfischen Kommunikation, die Leibniz hier pflegt, verständlich – der Prinz und zukünftige Fürst Objekt der »Veneration« durch das Volk. Zugleich kontextualisiert Leibniz seinen Entwurf, indem er das Erstarken der Bourbonen als Gefahr für Aufklärung und Protestantismus bezeichnet. Dieser erscheint bei Leibniz als gereinigte Religion – im Konzept ist »reformée« durch »repurgée« ersetzt. Der zweite ausführlichere Entwurf mit dem Titel *Cogitata de perfectionibus* (Quelle 2.4) formuliert das Erziehungsziel pointierter, indem der Prinz – vielleicht mit Blick auf die Unionsgespräche – als Statthalter Gottes auf Erden angesprochen und über alle Untertanen gestellt wird, zugleich soll er aber verantwortungsbewusst über das Wohl des Menschengeschlechts entscheiden. Dazu muss er seine »puissance naturelle« kultivieren. Der Charakter solle durch Geistesbildung und körperliche Vollkommenheit gestärkt werden.

1.5.3 Hintergrund

Leibniz' Darlegungen sind – entgegen der Auffassung der Forschungsliteratur[107] – in Fuchs' Erziehungsinstruktionen von 1695 (Quelle 2.5) weitgehend unberücksichtigt geblieben. Scheinbare Konvergenzen zwischen den Entwürfen von Leibniz (Quellen 2.3 und 2.4) und der Ausführung durch Paul v. Fuchs (Quelle 2.5) erklären sich aus der Vorlage: der Erziehungsinstruktion für Karl Emil (Quelle 2.1). Zu vermuten ist, dass das universelle Erziehungskonzept eine Referenz an Sophie Charlotte bzw. an ihren Vater darstellt. Am Hof von Ernst August v. Braunschweig-Lüneburg (bzw. seines älteren Bruders und Vorgängers Johann Friedrich, 1625–1679) hatte Leibniz seit 1676 gewirkt. Hier war er als Diplomat, Polyhistor und Philosoph mit zahlreichen Schriften hervorgetreten. Als herausragender Denker der Frühaufklärung stellt Leibniz sein pädagogisches Konzept in einen größeren anthropologischen Rahmen. Wie auch bei Francke bewegen Leibniz praktischen Fragen der Anwendbarkeit pädagogischer Konzepte: nicht nur während seines Studiums hatte er die in der Diskussion stehenden neueren pädagogischen Konzepte (u. a. von Vincenz Placcius, 1642–1699, Philipp Jakob Spener, Samuel v. Pufendorf, 1632–1694, und Ehrenfried Walther v. Tschirnhaus, 1651–1708) rezipiert, sondern sich zunehmend

[107] Hinrichs (Friedrich Wilhelm I., 24) versucht einen Einfluss der »weltlich-renaissancehafte[n], [...] pfälzisch-hannöversche[n] Tradition« zu konstruieren, in der Leibniz als Modernisierer des »christlich-reformatorische[n], [...] hohenzollersche[n]« Herrschaftsbildes wirken soll. Die vorliegende Quellenedition relativiert jedoch den Einfluss von Leibniz (und Sophie Charlotte bzw. des Welfenhofs).

von der überkommenen Lehrmethode der nachreformatorischen Scholastik distanziert.[108] Vor allem der Kontakt mit dem Jenaer Mathematikprofessor Erhard Weigel (1625–1699) und dessen Vorstellung einer Einheit von pädagogisch vermittelter Tugend und verstandesmäßig erschlossener Natur prägten Leibniz eigenes pädagogisches Konzept, das – in Anlehnung an Weigel – die neuzeitliche Vorstellung von Erziehung als eine »auf den Willen gerichtete Maßnahme«[109] zugrunde legte. Weigel hatte selber 1682 in Jena eine »Tugendschule« gegründet; sein Plan eines *collegium artis curiosorum* sollte der Volkserziehung dienen. Im Mittelpunkt von Weigels Pädagogik stand die praxisrelevante Erziehung, in der der Praeceptor einen persönlichen Zugang zum Schüler entwickelte und diesem als moralisches Vorbild diente; die Vermittlung handwerklicher Fähigkeiten und kaufmännischen Wissens löst das Memorieren und die Erlernung alter Sprachen ab. Ziel einer solchen Erziehung solle nach Weigel sein, dass die Kinder nicht durch Zwang »verdrießlich« werden, sondern der Lehrer sie »mit etwas ander[em] […] beschäfftigen muss«,[110] da er mit »Befehlen/ Schelten/ Zwang und Schlägen« weniger erreiche als »durch liebliche und gleichsam lauter spielende Mittel«.[111]

Leibniz rezipiert Weigel kritisch,[112] da sein pädagogisches Konzept auf einem anderen anthropologischen Fundament basiert. Im Gegensatz zu Weigel besteht Leibniz darauf, dass der Leib-Seele-Dualismus nicht einfach durch Erziehung harmonisiert werden kann, vielmehr muss Erziehung auf die Herausbildung tugendhaften Verhaltens hinwirken.

Leibniz löst das von René Descartes (1596–1650) radikalisierte Problem des Leib-Seele-Dualismus[113] durch Überwindung theologischer Vorannahmen.[114] Er propagiert, dass Leib und Seele in sich abgeschlossene (»fensterlose«) Monaden seien, die sich nicht beeinflussen, sondern durch göttliche Lenkung (und dem daraus resultierenden menschlichen Willen) interagieren. Die so eingeläutete ›Geburt des Individuums‹ zwingt aber zur Neubestimmung von allgemeinen und individuellen Interessen im Rahmen von *libertas* und *honestas*, also zwi-

---

108 Vgl. Wiater, Leibniz und seine Bedeutung, 119.

109 Vgl. Klaus Schaller: Erhard Weigels Einfluß auf die systematische Pädagogik der Neuzeit. In: Studia Leibnitiana 3, 1971, 28–40, hier 28f.

110 Erhard Weigel: Kurtze Relation von dem nunmehr zur Prob gebrachten Mathematischen Vorschlag/ betreffend Die Kunst= und Tugend=Information […] bey den Kindern […]. Jena: Bielcke, 1684, Bl. A 4^{v}.

111 Weigel, Kurtze Relation, Bl. B 2^{v}.

112 Vgl. den Briefentwurf Leibniz' an Vincenz Placcius vom 12. Juni 1697 (Gottfried Wilhelm Leibniz: Opera omnia. Hg. v. Louis Dutens. Bd. 6/1. Genf: Fratres de Tournes, 1768, Br. 61, 80–81). Aus diesen Briefen wird auch deutlich, dass Leibniz kritisch gegen die kirchlichen Schulen (aufgrund ihrer Autorität und ihres Konservativismus) sowie gegen den Pietismus (da er jede Schulneugründung – auch die aufgeklärte – in den Augen der etablierten Schulen verdächtig erscheinen lasse) eingestellt war. Dennoch empfiehlt Leibniz in seinem Brief vom 8. August 1697 Placcius das Schulmodell August Hermann Franckes nachdrücklich, vgl. ebd., Br. 62, 82.

113 René Descartes: Meditationes de prima philosophia [1641]. Lateinisch-Deutsch. Hg. v. Lüder Gäbe. 3. Aufl. Hamburg 1992 (Philosophische Bibliothek, 250a), Med. II, § 5ff.

114 Vgl. dazu Wiater, Leibniz und seine Bedeutung, 210–228.

schen der individuellen Freiheit und den Interessen der Allgemeinheit. Leibniz' pädagogische Anthropologie fußt auf einem monadischen Menschenkonzept, demzufolge der gottgeschaffene Mensch qua Vernunft zur Vollkommenheit gelangen kann und jedes Individuum nach der Vollendung seiner Möglichkeiten strebt.[115] Zwischenmenschliche Kommunikation ist wesensmäßig möglich, aber jede Menschenmonade strebt danach, sich selbsttätig zu vollenden. Der Einfluss des Erziehers resultiert folglich aus dessen Willensakt (»Vernunft«) und dem zu fördernden Bestreben seines Zöglings, sich weiterzuentwickeln (»Entelechie«).

Monarchische Tugend ist bei Leibniz als praktische Umsetzung der »droite raison« (rechten Vernunft) definiert; die Aufgabe des Erziehers besteht darin, diese theoretische Erkenntnis in vernunftgelenkte Willenstätigkeit zu kanalisieren, indem er dem Zögling »les vrais biens et les vrais maux autant sensibles qu'il se peut« nahebringt.[116] In einer ganzen Reihe von pädagogischen Memoranden – unter anderem für Zar Peter den Großen[117] und König Georg II. v. Großbritannien (1683–1760)[118] – hat Leibniz seine Erziehungsziele dargelegt und einer sozialethischen Begründung unterzogen. Mit dem Altdorfer Universitätsrektor und Frühpietisten Johann Michael Dilherr (1604–1699)[119] eint Leibniz, der an der Universität Altdorf habilitiert worden war und Dilherrs Angebot der Übernahme einer Professur ausgeschlagen hatte, zudem die Einsicht in die Notwendigkeit, die kindlichen Entwicklungsphasen in der Erziehung zu berücksichtigen, Erziehung und Bildung theozentrisch zu orientieren, den Staat mit der Durchführung der Erziehung zu betrauen und die deutsche Sprache zur Grundlage der Erziehung zu erheben. Dieser Dualismus von Theozentrik und Anthropozentrik (Gottesfurcht und Gemeinwohl) bildet die Basis von Leibniz' pädagogischer Anthropologie.[120] Oder anders gesagt: Die Vervollkommnung des Individuums ist gottgewollt, weil sie zum Wohl der Gemeinschaft beiträgt; ihre Ziele lauten: Gottesfurcht, Ehrbarkeit, Gehorsam, Tapferkeit und Fleiß.[121]

Von 1672 bis 1676 war Leibniz als Erzieher Philipp Wilhelms v. Boineburg (1656–1717), des Sohnes des Kurmainzischen Diplomaten Johann Chris-

---

115 Vgl. Friedrich Kaulbach: Subjektivität, Fundament der Erkenntnis und lebendiger Spiegel bei Leibniz. In: Zeitschrift für Philosophische Forschung 20, 1966, 471–495, hier 478.

116 Gottfried Wilhelm Leibniz: Nouveaux essays sur l'entendement humain [1705], LAA VI.6, 187.

117 Etwa die »Specimen einiger Punkte, darinn Moskau denen Scienzen beförderlich seyn könnte« [1711]. In: Gottfried Wilhelm Leibniz: Nouvelles Lettres et opuscules inédits. Hg. v. A. Foucher de Careil. Bd. 7. Paris 1867, 395–403.

118 Projet de l'Éducation d'un Prince (1714).

119 Vgl. Gerhard Schröttel: Johann Michael Dilherr und die vorpietistische Kirchenreform in Nürnberg. Nürnberg 1962 (Einzelarbeiten aus der Kirchengeschichte Bayerns, 34). Zu Dilherrs pädagogischen Konzepten vgl. Adolf Schwarzenberg: Das Leben und Wirken Johann Michael Dilherrs. Ein Beitrag zur Geschichte der Pädagogik des XVII. Jahrhunderts. Diss. [masch.]. Dresden 1892 sowie Wolfgang Sommer: Politik, Theologie und Frömmigkeit im Luthertum der frühen Neuzeit. Göttingen 1999, 142f.

120 Vgl. Wiater, Leibniz und seine Bedeutung, 129.

121 Vgl. Wiater, Leibniz und seine Bedeutung, 123.

tian v. Boineburg (1622–1672), tätig. Waren diese kurmainzischen Jahre ingesamt reich an Erfahrung und entscheidend für Leibniz' Kenntnis des Verhältnisses von Politik und Pädagogik,[122] so war doch der Unterricht seines Schülers nicht einfach.[123] Aus der mangelnden Konzentrationsfähigkeit seines Schülers und dessen Lernunwilligkeit entwickelt Leibniz nach und nach ein Erziehungsprogramm, dessen Erfolg und Misserfolg er sogleich erproben konnte – seine Erziehungspläne haben sich nicht in Form ausführlicher und universeller Pläne erhalten, vielmehr lässt sich aus dem Briefwechsel mit der Familie Boineburg und dem engeren Freundeskreis in der Zeit zwischen November 1672 bis Ende 1674 ein spezifiziertes Bildungsprogramm herauslesen:[124] »educatio« besteht nunmehr aus »studia« und »exercitia«, das heißt aus einer »solida eruditio« (gründlichen Erziehung) und dem »nebenwerck« (Konversationskunst). Durch Gewöhnung soll die »perfectio« des (adligen) Zöglings erreicht werden. Methodisch soll der Erzieher seinen Zögling »dirigieren« und durch »gute Anführung« »bewahren vor Anstoß«. Alle Erziehung kann freilich nur funktionieren, wenn der Zögling von Natur aus über gute Anlagen zur »Perfectionierung« verfügt.

Im Unterschied also zur seinerzeit üblichen Heranbildung junger Adliger zu »honnête hommes«, wie sie an den prosperierenden Ritterakademien (die Leibniz interessiert wahrgenommen hat) vorherrschend war, betrachtet Leibniz die »solida eruditio« – also die charakterliche Erziehung – als Basis aller höfischen Erziehung. Die Erziehung der höheren Stände wird damit für Leibniz zu einer berufsorientierten Ausbildung; von dieser Einsicht zeugen alle seine nach 1676 verfassten Erziehungsschriften im höfischen Umkreis (Hannover, Berlin, Wien).[125]

Gleichwohl modifiziert Leibniz nach 1676 seine Vorstellungen von Erziehung im Allgemeinen und Prinzenerziehung im Besonderen. Hatte sich das Verhältnis zum Braunschweiger Hof nach dem Tod Johann Friedrichs 1679 verschlechtert,[126] so koppelte Leibniz die Pädagogik zunehmend von der Politik ab. Dies galt vor allem für seine Pläne zur ›Volkserziehung‹,[127] aber auch in jenem Rahmen, in dem Politik und Pädagogik zwangsläufig eine Verbindung eingehen mussten – der Prinzenerziehung –, zeichnet sich ein Wandel in der Konzeption ab. Stärker noch als in seinen bisherigen Schriften betont Leibniz die Notwendigkeit einer fundierten Charaktererziehung und der Heranbildung eines tugendhaften Monarchen. Berücksichtigt man, dass Leibniz seinem neuen Landesherren Ernst August v. Braunschweig-Lüneburg und dessen Sohn Georg Ludwig (den späteren Georg I. v. Großbritannien, 1660–1727) distanziert gegenübersteht und die abso-

---

122 Vgl. Wiater, Leibniz und seine Bedeutung, 139f.

123 Dazu Wiater, Leibniz und seine Bedeutung, 151f. Dass Leibniz seinem Schüler ein enormes Pensum zumutete ist ersichtlich aus dem erhaltenen Stundenplan und einem Promemoria des Unterrichtsstoffes, vgl. ebd., 154.

124 Im Folgenden zitiert nach Wiater, Leibniz und seine Bedeutung, 151.

125 Vgl. Wiater, Leibniz und seine Bedeutung, 273.

126 Vgl. Eric J. Aiton: Gottfried Wilhelm Leibniz. Eine Biographie. A. d. Engl. v. Christiana Goldmann u. Christa Krüger. Frankfurt/Main 1991, 134f.

127 Vgl. Wiater, Leibniz und seine Bedeutung, 168f.

lutistische Hofhaltung als charakterliche Schwäche des Monarchen beurteilt,[128] so erhellt dies vielleicht den Hintergrund seiner gewandelten pädagogischen Auffassung.

Sein Nachruf auf den geschätzten Landesherren und Vorgänger Ernst Augusts, Johann Friedrich v. Braunschweig-Calenberg, betont die Qualitäten eines nach Leibniz idealen Herrschers. In diesem Nachruf mit dem Titel *Le Portrait du Prince* geht Leibniz von der natürlichen Ausstattung des Menschen aus.[129] Dieser Text liest sich wie ein Rohentwurf zur *Lettre sur l'éducation d'un Prince* (Quelle 2.3), wie weiter unten nahe gelegt wird.

Jeder Mensch verfüge von Geburt an über »qualitez differentes«,[130] etwa Befehlsgewalt oder Gehorsam. Die natürlichen Voraussetzungen bedürfen aber der Tugend (»Vertu«) des Prinzen. Diese Tugend eigne dem Prinzen jedoch nicht von Geburt, sondern müsse ihm anerzogen werden. Die Bedeutung eines Prinzen ist das Werk von Natur, Glück (»Fortune«) und Tugend (»Vertu«). Die Natur kann dem Prinzen einen großen Geist (»grand esprit«) verleihen, »principe de la vertu et de la science«, die jedoch ohne »connoissance« und »raissonnement« wertlos seien;[131] ebenso kann sie ihm ein Urteilsvermögen, dessen Gründe jedoch einzig von Gott gelegt seien, verleihen; zudem eine »grand courage«, gute Gesundheit,[132] und eine starke Neigung zur Tugend und Ehre.

> Mais comme la gloire de Dieu est fondée sur sa bonté, sur sa puissance, sur sa justice et sur sa misericorde, qui éclatent dans ses ouvrages, et qu'il ne la desire que pour le bien des hommes, il faut aussi que les Princes qui sont ses portraits, ne souhaittent l'honneur que pour l'avantage de leurs sujets, et qu'ils le tirent tousjours de la vertu, dont il est la plus belle et la plus digne recomponse.[133]

Das Glück (»Fortune«) besteht nach Leibniz in der »naissance noble«, durch die im Blut alle edlen Eigenschaften der Ahnen überliefert seien und in der »bonne éducation«: »plustost par l'entretien que par l'estude, [...] et plus par l'usage que par la theorie«.[134] Die Tugend aber erst vollendet das Bild des (ideal gedachten) Prinzen. Sie zeichnet sich durch umsichtiges Handeln aus:

> Sa conduite et les resolutions qu'elle a prises dans les occasions, le repos de son estat et de l'Empire [...] le regelment de tout ce qui regarde sa maison, sa cour, ses trouppes, son estat, ses domestiques et ses serviteurs, et les places qu'elle fait maintenant foritifier, en sont des marques asseurées,[135]

---

128 Vgl. Günter Scheel: Hannovers politisches, gesellschaftliches und geistiges Leben zu Leibnizzeit. In: Gottfried Wilhelm Leibniz. Sein Leben, sein Wirken, seine Welt. Hg. v. Wilhelm Totok u. Carl Haase. Hannover 1966, 83–115, hier 98f.

129 Gottfried Wilhelm Leibniz: Le Portrait du Prince tiré des qualitéz et des vertus heroiques de S. A. ^{Sm}e Msgr. Jean Frederic duc de Bronsvic et de Lunebourg. In: Die Werke von Leibniz gemäß seinem handschriftlichen Nachlasse in der Königlichen Bibliothek zu Hannover. Hg. v. Onno Klopp. Hannover 1875, hier: Reihe I, Bd. 4, 461–488, hier 461.

130 Leibniz, Le Portrait du Prince, 461.

131 Leibniz, Le Portrait du Prince, 464.

132 Leibniz, Le Portrait du Prince, 467.

133 Leibniz, Le Portrait du Prince, 469.

134 Leibniz, Le Portrait du Prince, 473.

135 Leibniz, Le Portrait du Prince, 476.

durch Mäßigung, Gerechtigkeit, Ausgleich zwischen formeller Justiz und Güte, Edelmut, Großzügigkeit und Würde. Was der Erzieher also zu leisten hat, ist die »excellentes qualitez de la nature« zu kultivieren,[136] den »esprit« und das »jugement« zu formen und damit den Charakter des künftigen Herrschers durch gutes Beispiel zu formen. Leibniz setzt ganz auf die praktische Vermittlung dieser Erfahrung:

> Les reflexions sur eux mesmes, et les remarques sur la bonne conduite des autres, l'experience et la conversation avec des personnes eclairées sur les affaires qui arrivent en differens pays, le gouvernement et l'exemple des grands Princes font plus d'impression et instruisent bien mieux que les raisonnemens et les maximes generales de la politique qui trompent souvent dans l'application particuliere, lorsque l'esprit et le jugement n'ont pas esté formez et exercez dans les affaires.[137]

Die »utilité publique«,[138] die Leibniz als Endzweck einer fürstlichen Erziehung nennt und die er bei Johann Friedrich realisiert sieht, bettet die Prinzenerziehung in ein anthropologisches Programm ein. Jeder Mensch ist laut Leibniz kraft Natur zur Tugendhaftigkeit befähigt, kann sich aber nicht selbstständig zu einem tugendhaften Menschen entwickeln. Erst die Erziehung erlaubt die Entfaltung der Dispositionen und einen aus Gewohnheit tugendhaften Lebenswandel. Der junge Dauphin soll durch eigene Erfahrung, Übung und praktische Erprobung den Nutzen und Wert der Tugenden erkennen, die so für den Rest seines Lebens (also auch für seine zukünftige Herrschaft) verbindlich werden.

Leibniz war bestrebt, dieses einmal gefasste Erziehungsprogramm an den europäischen Höfen zu propagieren. Seit 1685 hatte er daher am *Projet de l'éducation d'un Prince* gearbeitet, das in vier Abschriften überliefert ist. Leibniz versuchte sein Projekt an insgesamt drei Höfen unterzubringen: zwischen 1690 und 1704 am brandenburgischen Hof,[139] 1703 am sächsischen Hof[140] und am Welfenhof 1714.[141] Entstanden war die Schrift aufgrund eines Leibniz um 1685 anonym zugesandten *Projet de l'éducation d'un Prince*,[142] von dem er sich sogleich eine Abschrift anfertigt, diese aber bereits mit eigenen Anmerkungen versah und weiterführte. In seinem *Projet* finden sich die Gedanken der älteren Erziehungsschriften weitergeführt, zugleich aber erweitert. Die scheinbare

---

[136] Leibniz, Le Portrait du Prince, 471.
[137] Leibniz, Le Portrait du Prince, 473.
[138] Leibniz, Le Portrait du Prince, 488.
[139] Vgl. Leibniz' Korrespondenz mit dem Kabinettssekretär Chuno und dem Hofprediger Jablonski, vgl. LAA IV.3, 545.
[140] Anlässlich der Erziehung von Friedrich August II. v. Sachsen (1696–1763), den späteren König August III. v. Polen, vgl. Anm. 102.
[141] Anlässlich der Erziehung Friedrich Ludwigs v. Hannover (1707–1721), den Sohn Georgs II. v. Großbritannien, vgl. LAA IV.3, 545.
[142] Möglicherweise handelt es sich um eine Vorlage des mit Leibniz befreundeten Mathematikers Rudolf Christian v. Bodenhausen († 1698), der als Erzieher am Hof der Medici in Florenz wirkte oder um eine Vorlage Michael Salomon de la Bodinières (Lebensdaten nicht ermittelbar), der 1683 bis 1693 als Hofmeister am Hofe des Oberhofmarschalls Graf Franz Ernst v. Platen (1631–1709) in Hannover wirkte, vgl. LAA I.9, 280.

Überforderung des jungen Zöglings durch den dritten Grad der Ausbildung, das »ornement«, findet seine Erklärung in der Hochschätzung des »bon naturel«: wenn der Dauphin von der Natur mit den passenden Anlagen gesegnet ist, wird er sich als großer König erweisen. Dazu muss jedoch der Unterricht auf die Aufnahmefähigkeit des Prinzen abgestimmt sein:

> Car pour pousser la chose à bout, il faudroit dresser une espece de modelle ou Etiquette, et comme on ne sçauroit commencer de trop bonne heure à donner impressions, il faudroit que ce projet du detail prenant le Prince dès la premiere enfance reglât d'année en année ses practiques et exercices, ses etudes et sa conversation ; sauf à ceux qui en auront la direction de changer, retrancher et adjouter selon les circonstances.

Die Prinzenerziehung wird bei Leibniz zur Kindeserziehung: gleichwohl der Prinz als späterer Regent allen Menschen übergeordnet und Platzhalter Gottes auf Erden sei, durchläuft seine Erziehung verschiedene altersabhängige Entwicklungsphasen. Dieses Phasenmodell ist von Wolfgang Ratichius (1571–1635) oder Johann Amos Comenius (1592–1670) her bekannt. In Leibniz' Entwurf stehen Gottesfurcht und christliches Verantwortungsgefühl jedoch nicht länger im Vordergrund; vielmehr löst die charakterliche Formung die religiöse Erziehung ab. Religion ist nur noch als Teilsystem der Wissenschaften von Interesse – es trägt zur charakterlichen Vervollkommnung des prädestinierten Herrschers bei, der einmal über das Wohl eines Volkes entscheiden muss. Ohne explizit antitheologisch argumentieren zu müssen, stellt Leibniz mit seiner *Lettre* die Erziehung auf ein gänzlich anderes – nachmetaphysisches – Fundament als Francke mit Betonung der »Gottes=Furcht«: »Le bon naturel«, formuliert Leibniz den Anspruch eines aufgeklärten Bildungsprogramms, »est la base et le fondement de tout.«

Auch wenn die *Lettre sur l'éducation* um 1693 und die *Cogitata* um 1701 im Abstand von acht Jahren entstanden sind und auch wenn es weiter keine Beweise gibt, dass Leibniz diese pädagogischen Entwürfe nach Berlin sandte,[143] so muss es doch als sehr wahrscheinlich gelten, dass vor allem die *Lettre* in der Fassung um 1693 einen mittelbaren Einfluss auf die Erziehungsinstruktionen für Friedrich Wilhelm I. hatte. Die *Cogitata* hingegen können – sofern sie für den brandenburg-preußischen Hof verfasst wurden – erst nach 1701 (Erlangung der Königswürde) entstanden sein. 1703 war Rebeur gestorben, so dass eine neuerliche Erziehungskrise eintrat. Der Tod von Paul v. Fuchs (1702) und Sophie Charlotte (1704) dürfte schließlich vollends den unmittelbaren Einfluss Leibniz' auf die Erziehung Friedrich Wilhelm verhindert haben.

---

143 Wohl, weil »die Ausbildung des Kurprinzen [zumal um 1701] in ihren Grundzügen und im einzelnen längst festgelegt« war, Rudolf Grieser: Leibniz und das Problem der Prinzenerziehung. In: Gottfried Wilhelm Leibniz. Sein Leben, sein Wirken, seine Welt. Hg. v. Wilhelm Totok u. Carl Haase. Hannover 1966, 511–533, hier 522.

1.6 »La naissance fait à la verité les Princes ; mais il n'y a qu'une hereuse éducation qui puisse les former pour le gouvernement«. Die Erziehungsinstruktionen für Friedrich Wilhelm v. Brandenburg (1695)

1.6.1 Vorbemerkung

Betrachten wir abschließend, wie Paul v. Fuchs die unterschiedlichen Vorschläge von Francke einerseits und Leibniz andererseits in den Erziehungsinstruktionen bündelt, die er für seinen Kurfürsten, Friedrichs III. v. Brandenburg anfertigt und die am 1. Februar 1695 in einem Zeremoniell zur Berufung des neuen Hofmeisters Alexander v. Dohna bindend wurden.[144] Fuchs oblag die Aufsicht über die Wissenschaften, das Schul- und Buchwesen in Brandenburg(-Preußen), so dass ihm auch die Ausarbeitung der Erziehungsinstruktionen zufiel.

Als Folie für seine Erziehungsinstruktionen diente Fuchs die Vorlage für Karl Emil v. Brandenburg aus dem Jahre 1662, den Onkel Friedrich Wilhelms väterlicherseits. Die Fuchssche Fassung von 1695 steigert den Herrschaftsanspruch gegenüber der Fassung von 1662 deutlich: Friedrich Wilhelms Erziehung wird nicht länger über das Schicksal von nur »so viel tausend Menschen«, sondern von »so vieler Millionen Menschen« entscheiden; auch besteht das Erziehungsziel nicht länger in der Herausbildung eines »Teütschen Fürsten und künfftigen Regenten«, der »dem Römischen Reich und geliebtem Vaterlande Teutscher Nation eine sonderbahre Zierde, Leuchter und Seüle [...] sein« soll, sondern »Ein[] Große[r] Fürst[]«: »Hier kündigt sich das stärkere Heraustreten aus dem Rahmen des Reiches auf dem Wege zu europäischer Souveränität und zur Königswürde an«.[145]

1.6.2 Inhalt

Die Erziehungsinstruktionen zerfallen in zwei Teile: der erste umfasst die Erziehung und ihre Grundlagen, der zweite die Wissenschaften, körperlichen Übungen und Erholungen. Vor allem der erste Teil verdankt Francke viel, doch dass der zweite Teil maßgeblich auf Leibniz' Entwurf basiert, erweist sich rasch als Fehlannahme. Beide – Francke wie Leibniz – setzen voraus, dass weniger die Belehrung in politischen, verwaltungstechnischen und ökonomischen Fragen vorrangig ist, sondern dass zunächst die richtige Gesinnung anerzogen werden muss – sei es nun »Gottes=Furcht« (Francke) oder »honnesté« (Leibniz).

Daher bestimmt bei Fuchs in Anlehnung an Francke und Leibniz der Leumund des zukünftigen Erziehers dessen Eignung. Dennoch scheint es nötig, einige »grundreguln« zur Erziehung aufzustellen. »Vor allen Dingen« soll das Gemüt

---

144 Das vollständige Zeremoniell findet sich abgedruckt in Förster, Friedrich Wilhelm I., Bd. 1, 88–90.

145 Hinrichs, Friedrich Wilhelm I., 25.

»woraus alle Menschliche Handtlungen herfließen«, durch Einpflanzen einer »Wahre[n] Gottes=Furcht« gebildet werden. Damit greifen die Erziehungsinstruktionen zwar auf die Vorlage von 1662 zurück, bei der die »Furcht Gottes« als Basis aller Tugenden bezeichnet wird, betonen aber den sozialdisziplinarischen Aspekt neu: an die Stelle der Katechisierung tritt das pietistische Gotteserlebnis, das den künftigen Monarchen als persönliche Erfahrung den Rest seines Lebens prägen und so die Geschicke des Landes zum Guten wenden soll. Durch Vermittlung der »Maÿestät undt Allmacht Gottes« wird die beherrschende Stellung des absolutistischen Herrschers abgebaut. An ihre Statt tritt »Heÿlige furcht undt *Veneration* vor Gott«, »[d]ann dieses ist das eintzige Mittel die von Menschlichen Gesetzen undt Straffen befreÿete *Souveraine* Macht in den Schrancken der Gebühr zu erhalten.« Die Zielrichtung ist klar und vereint Franckes und Leibniz' Anspruch auf verantwortungsbewusstes Regieren: »ob Sie [die souveräne Macht] gleich über alle Menschen, dennoch Gott über Sie, undt Sie [...] eben so wohl werden Rechenschafft geben müßen, als der geringste Ihrer Unterthanen.«

In teilweise wortwörtlicher Anlehnung an Franckes Formulierung empfiehlt die Erziehungsschrift analog zu Francke historische und biblische Exempla von guten und bösen Herrschern. Übernommen wird zudem die Betstunde morgens und abends sowie die Interpretation und Memoration von Bibelabschnitten. Fuchs ergänzt: »Man hatt ihn auch [...] von den [...] Weltlichen Eitelkeiten abzuhalten, und Ihm, so viele möglich, einen *degoût* davor zu machen«.

Im zweiten Teil, der die Wissenschaften und Fertigkeiten umfasst, greifen die Erziehungsinstruktionen verstärkt auf Leibniz zurück, wenn sie betonen, dass jede Überforderung und Pedanterie vermieden und stattdessen ein weltmännisches Wissen anschaulich vermittelt werden solle. Der Fortschritt in den Einzeldisziplinen Latein, Französisch, Geschichte, Mathematik und Rhetorik soll langsam »mit dem Wachsthum der Jahre« erfolgen, so dass die Disziplinen »ohne Eckel und Verdruß erlernet werden möge[n]«.

Die Instruktionen betonen auch, wie wichtig der Verzicht auf pädagogischen Zwang sei: so solle dem Kurprinzen »nur das nöhtigste, so viel möglich, mit Lust und gleichsahm spielend beÿgebracht werde[n]«. Darum solle Friedrich Wilhelm auch »nicht zum *studiren forciret* werde[n], wenn Er eben auff eine Zeit nicht Lust darzu hatt, sondern man kann alsdenn mit Ihm etwas anderes nützliches vornehmen.« In Anlehnung an Leibniz gilt, dass der Prinz erst ein ›honnête homme‹ werden muss, ehe er Herrscher werden kann: »ein Printz [muss] erst den Ruhmb, daß Er ein honnete homme ist, erwerben [...], ehe Ihm der andere, daß Er ein Großer und Löblicher Fürst, zu theil werden könne.«

Anders aber als bei Leibniz und ganz ohne Frage angepasst an das Aufmerksamkeitsdefizit Friedrich Wilhelms, sollen keine »weitlaüfftige *Ethica* oder SittenLehre«, sondern vielmehr »*Exempel* und kurze *sententien* oder Sprüche, welche nicht einen Eckel oder Verdruß erregen können«, herangezogen werden. Was die übrigen Studien betrifft, so wird der Erwerb wissenschaftlicher Kenntnisse für die späteren Jahre in Aussicht gestellt, aber nicht weiter konkretisiert.

Stattdessen verlegen sich die Erziehungsinstruktionen auf die ›nützlichen‹ Wissenschaften: die bereits in den Instruktionen Karl Emils angelegte, aber von Leibniz ausformulierte Forderung nach anwendungsbezogenem Spracherwerb sowie sein Vorschlag, Mittels Karten, Globen und Tabellen Geographie und Genealogie zu vermitteln findet volle Unterstützung. So soll der Prinz sein historisches Studium analog zum kirchengeschichtlichen betreiben, indem er die guten Herrscher als Vorbilder kennen lernt.[146] Dieses Programm umschließt auch universalhistorisch die Entstehung der nächst Brandenburg gelegenen Staaten sowie deren Genealogie und Geographie. »[W]o der Printz Lust dazu bezeüget«, kann mit dem mathematischem Studium begonnen werden, vor allem mit dem für den Festungsbau relevanten Kenntnissen des Zeichnens und Reißens; »damit Er von Jugend auff angeführet werde, einen *General* zu *agiren*«, sollen die mathematischen Übungen auf die Kriegswissenschaften abgestellt werden und militärische Übungen beim Spielen für Erholung sorgen. Gleichfalls findet eine Übernahme von Leibniz' Vorschlägen hinsichtlich der fürstlichen Repräsentation statt: Eloquenz, Haltung und Gebärden sollen erlernt werden, am besten, indem der Prinz durch kleine Vorträge und Schauspiele an den öffentlichen Auftritt gewöhnt wird. Das *decorum*, also die rhetorische Einheit von Ausdruck und Gebärde, sollen »das Mittel zwischen Majestät und Humanität halten«. Auch der Vorschlag von Leibniz, Friedrich Wilhelm durch einen eigenen kleinen Hofstaat an verantwortungsbewusstes Wirtschaften heranzuführen, findet Aufnahme (und mit Schenkung des Guts Wusterhausen 1698 Verwirklichung).[147] Insgesamt differenzieren die Erziehungsinstruktionen von Paul v. Fuchs die Instruktionen von 1662 erheblich aus, vergrößern den Machtanspruch, räumen dem Erzieher mehr Autorität ein. Sie erweitern seine Befugnisse und stärken das christliche Fundament.

1.6.3 Hintergrund

Franckes Memorandum prägt den Ton von Paul v. Fuchs' Erziehungsinstruktionen für Friedrich Wilhelm bis in wortwörtliche Übernahmen hinein, und trotz des bei Francke herausgearbeiteten christlichen Fundaments, das den Text durch und durch formiert, wird Franckes Erziehungsziel – den Prinzen »seinen verderbten Eigen=Willen zu brechen« – nicht wieder aufgenommen. Berücksichtigung findet vielmehr die Herausbildung einer christlichen Persönlichkeit, die die

---

146 Bereits 1713 stellt Christian Thomasius (1655–1728) in Frage, ob durch »Lesung derer Historien zur der Klugheit/ […] eignes Thun und Lassen wohl einzurichten« sei, vgl. Christian Thomasius: Höchstnöthige Cautelen Welche ein Studiosus Juris, Der sich zu Erlernung Der Rechts-Gelahrheit Auff eine kluge und geschickte Weise vorbereiten will, zu beobachten hat: Nebst einem dreyfachen und vollkommenen Register […]. Hildesheim 2005 (Ndr. d. Ausg. Halle 1713), Capitel 5, § 93.

147 Diesem kleinen Hofstaat wird neben dem jungen Danckelmann auch der Enkel Ottos v. Schwerin, Friedrich Bogislaw, angehören, vgl. Hinrichs, Friedrich Wilhelm I., 29.

individuelle Verantwortung gegenüber Gott und eine praktische Ausbildung der eigenen Fähigkeiten zur Lebensgrundlage erhebt. Aber auch Leibniz' universeller Bildungsanspruch wird zurückgeschraubt und pragmatisiert und vor allem jene Stellen übernommen, an denen Leibniz die Erziehungsinstruktionen für Karl Emil aktualisiert hatte – »[d]ie Charakterbildung soll ihr [der Erziehung] Ziel sein, das Wissen nur ein Mittel, es zu erreichen.«[148] Leibniz Projekt einer umfassenden Erziehung geriet so universell, dass sie jeden Schüler überfordern musste. Das mag erklären, warum sie bei Abfassung der Erziehungsinstruktionen nicht in jenem Maße gewürdigt wurde, wie es eigentlich zu erwarten wäre. Stattdessen erfährt Franckes eher pragmatischer Entwurf, der sich auf wenige Punkte stützt und diese immer wieder anführt, eine vergleichsweise stärkere Berücksichtigung. Zudem agiert Francke geschickt, indem er die argumentativen Vorgaben der älteren Instruktion von Karl Emil aufgreift. Unberücksichtigt bleibt die Sorge für das Volkswohl, ein Hinweis, den sowohl Francke als auch Leibniz gegeben hatten.

Am 25. Februar 1695 wurde Friedrich Wilhelm in einem feierlichen Staatsakt unter Anwesenheit seines Vaters Friedrich III. und seiner Mutter Sophie Charlotte an seinen neuen Oberhofmeister Alexander v. Dohna übergeben. Paul v. Fuchs hielt eine Rede, in der er sehr treffend das pädagogische Konzept der Erziehungsinstruktionen noch einmal zusammenfasst:

> Qu'y a-t-il en effet de plus important que l'éducation d'un Prince, qui est né pour gouverner quelque jour tant de peuples, et du quel par conséquent une partie considérable du monde doit attendre sa bonne ou sa mauvaise destinée. [...] La naissance fait à la verité les Princes ; mais il n'y a qu'une hereuse éducation qui puisse les former pour le gouvernement, et les mettre en état de faire un bon usage de leur pouvoir. [...] Vous lui ferez connoître de bonne heure, comment il doit se soumettre á ce que prescrivent les lois, avant qu'il puisser s'apercevoir qu'il est au dessus d'elles [...].[149]

Dohna und Rebeur hielten sich nur teilweise an diese mehr idealen als praktischen Erziehungsinstruktionen.[150] Wenn Rebeur Friedrich Wilhelm etwa die ihm unzulängliche lateinische Grammatik vermittelt, indem er die Konjugationen als Armeen vorstellt, die Modi als Regimente etc.,[151] dann wird er der Forderung der Instruktionen gerecht, »gleichsam spielend« pädagogische Inhalte zu vermitteln. Der universelle, von Leibniz herrührende Anspruch hingegen, den Prinzen als »honneste homme« zu erziehen, musste scheitern – in Leibniz' Entwurf hatte die entsprechende Passage noch fast vier Fünftel des Raumes eingenommen,

---

[148] Borkowski, Erzieher und Erziehung, 100. Auch Alexander v. Dohna formuliert in seinen »Gedanken über die Erziehung eines Prinzen« die Notwendigkeit, Individualität und Charakter des Prinzen zu stärken und christlich zu bilden, vgl. ebd., 101.

[149] Paul v. Fuchs: Discours prononcé à la Cour de Berlin le 25. Fé[v]rier 1695. In: Förster, Friedrich Wilhelm I., Bd. 1, 88–99, hier 89.

[150] Es würde den Rahmen des vorliegenden Editionskommentars sprengen, wollte man die reale Erziehung Friedrich Wilhelms nachzeichnen, vgl. dazu Borkowski, Erzieher und Erziehung, 102–104.

[151] Jean Philipp Rebeur: Aufzeichnungen [I] [...] über seine Tätigkeit als Informator Friedrich Wilhelms I. vom Mai 1697 bis Januar 1701. Hg. v. Heinrich Borkowski. In: Hohenzollern-Jahrbuch 8, 1904, 214–230, hier 215.

nun war sie fast vollständig entfallen. Stattdessen erwies sich die calvinistische Prädestinationslehre als Weg, den Prinzen zu bändigen. In der Folge stellte die historische und kirchenhistorische Grundlegung, wie sie sich bei Francke und bei Leibniz vorgezeichnet findet, einen gangbaren Weg der Prinzenerziehung: anhand der Beispiele guter und schlechter Herrscher in Geschichte und Bibel lernte der Prinz, den Zusammenhang von Prädestination und glücklicher Herrschaft zu erkennen.[152] Andererseits fanden auch Vorschläge von Leibniz Eingang, indem z. B. Weihnachten 1698 Friedrich III. seinem Sohn Gut Wusterhausen zum Geschenk machte, um einerseits die Ausbildung ökonomischer Fähigkeiten zu ermöglichen, andererseits aber auch die Jagdleidenschaft des Prinzen zu befriedigen.[153]

Sophie Charlotte, die wesentlich aus persönlicher Neigung und der Überlieferung des Hauses Hannover das fürstliche Idealbild des »honette homme« in ihrem Sohn verwirklicht sehen wollte, distanzierte sich zunehmend vom Erbprinzen, der immer tiefer in die Vorstellungswelt der calvinistischen Prädestinationslehre hineinwuchs und sich damit durchaus in den Traditionslinien des Hohenzollernhauses bewegte.[154] Wenn Friedrich Wilhelm gegenüber einem Hoffräulein aus dem Umkreis Sophie Charlottes bekundet, »pour moy [...] je ne regarde pas a l'honnêté mais a la pieté«,[155] dann wird deutlich, dass Franckes »Gottes=Furcht« sehr viel mehr Einfluss auf die Erziehung Friedrich Wilhelms erlangt hat als Leibniz' Ideal des »honnestte homme«.[156]

Francke wie Leibniz hatten die Erziehungsinstruktionen von 1662 dahingehend erneuert, dass sie nicht länger auf erlernbare Regierungspraktiken setzten, sondern dass der sittliche und charakterliche Standard des Herrschers, der in Kindheit und Jugend mittels Erziehung herausgebildet werden muss, die Grundlagen für die spätere Staatswohlfahrt legt. Ein ähnliches Ziel verfolgen Dohna und Rebeur vermittels der calvinistischen Prädestinationslehre; in gewisser Weise konvergieren folglich pietistische, frühaufklärerische und calvinistische Erziehungsziele in Friedrich Wilhelms Erziehung, in der nicht die Liebe Gottes, sondern die »Gottes=Furcht« das Fundament legt.

Um 1702 kommt es während des Übergangs von den Kinder- in die Jugendjahre zu einer Erziehungskrise, da nun König Friedrich verstärkt Einfluss auf

152 Rebeur, Aufzeichnungen I, 228.

153 Hinrichs, Friedrich Wilhelm I., 75.

154 Hinrichs, Friedrich Wilhelm I., 46. So hatte Sophie Charlotte etwa für Friedrich Wilhelm auf dessen holländischer Bildungsreise François de Salignac de la Mothe-Fénelon und Pierre Bayle als zeitweilige Erzieher vorgesehen, vgl. ebd., 78.

155 Jean Philippe Rebeur: Aufzeichnungen [II] [...] über seine Tätigkeit als Informator Friedrich Wilhelms I. vom Mai 1697 bis Januar 1701. Hg. v. Heinrich Borkowski. In: Hohenzollern-Jahrbuch 9, 1905, 155–168, hier 159.

156 Zu vermuten steht zudem, dass die in Dohnas Papieren verwahrte katechistische Schrift »Kurtze und deutliche Instruktion Eines jungen Christlichen printzen, Was er in seinem Stande und Regiment in acht zu nehmen, deßen er sich beym gebett des Herren alle Zeit erinneren und zu gemuthe führen kan« aus dem Umkreis Franckes oder von ihm selbst stammt – Benjamin Ursinus (1646–1720), der damalige Hofprediger und Religionslehrer Friedrich Wilhelms, kommt als Verfasser nicht in Frage, vgl. Borkowski, Erzieher und Erziehung, 111.

Friedrich Wilhelm nehmen will.[157] Diesen Übergang bezeichnet auch Rebeurs Denkschrift zum vierzehnten Geburtstag Friedrich Wilhelms,[158] die noch einmal exemplarisch den Zusammenhang von Fürstencharakter und erfolgreicher Herrschaft fokussiert und noch für Friedrich Wilhelms politisches Testament von 1722 prägend sein sollte.[159] Friedrich Wilhelm wird ab 1703 im Geheimen Rat und im Geheimen Kriegsrat des Königs Sitz und Stimme erhalten – damit ist er der auf Bildung und höfische Verfeinerung absehenden Königin vollends entzogen. Sie gibt vor, nun nur noch auf den »bon naturel« des Prinzen zu vertrauen, den Leibniz zur Grundlage einer gelungenen Erziehung voraussetzt.[160] Doch Sophie Charlotte interveniert ein weiteres Mal: am 14. August 1704 wird – wohl aufgrund ihrer Einflussnahme – Generalmajor Albrecht Konrad Finck v. Finckenstein (1660–1735)[161] zum Oberhofmeister und Nachfolger Dohnas ernannt. Vielleicht stand im Zusammenhang mit einer Neuberufung des Oberhofmeisters auch Leibniz zur Verhandlung, der den Kronprinzen kurz zuvor selber kennen gelernt und examiniert hatte.[162] Die Instruktionen, die Finckenstein am 13. Oktober 1704 erhielt,[163] verzichten auf Erziehung und Unterricht: der Lehrer begleitet als Mentor den jungen Prinzen und steht ihm als Ratgeber zur Seite – erziehen soll er ihn nicht länger, da der Zögling »in der Gottesfurcht und dem Begriff alles dessen, was zu einem großen Regenten gehört, ein so gutes und stattliches Fundament bisher geleget hat«.[164] So bleibt denn der noch auf dem Sterbebett geäußerte Wunsch der Mutter, dass der Sohn danach trachten solle, ein ›honnête homme‹ zu werden, ungehört.[165]

Zieht man ein Fazit, so muss man für Paul v. Fuchs' Erziehungsinstruktionen konstatieren, dass die rhetorischen Formeln der Erziehungsschrift von 1662, die den reformierten als gereinigten Glauben ansprechen, durch Franckes Formulierungen aktiviert werden und christlicher Glaube so eine Aktualisierung erfährt. Leibniz versucht das neue Weltbild der Naturwissenschaften in diese Erziehungsschriften zu integrieren, scheitert aber am universellen Anspruch, so dass einzig seine pragmatischen Vorschläge eine Übernahme erfahren. Offensichtlich wurde dieses Konzept prinzlicher Erziehung vom Zögling – trotz massiver Auseinander-

---

157 Vgl. Hinrichs, Friedrich Wilhelm I., 94

158 Hinrichs, Friedrich Wilhelm I., 94.

159 Vgl. Hinrichs, Friedrich Wilhelm I., 94 u. 559.

160 Vgl. Brief Sophie Charlottes an Hans Casper v. Bothmer vom 4.9.1703. In: Briefe der Königin Sophie Charlotte von Preußen und der Kurfürstin Sophie von Hannover an hannoversche Diplomaten. Hg. v. Richard Doebner. Leipzig 1905, 35.

161 Finckenstein wurde auch Erzieher Friedrich II., vgl. Hinrichs, Friedrich Wilhelm I., 102.

162 Vgl. Borkowski, Erzieher und Erziehung, 100.

163 Vgl. Melle Klinkenborg, Erich Joachim: Familiengeschichte des Gräflich Finck von Finckensteinschen Geschlechts. Bd. 2. Berlin 1921, 75f.

164 Vgl. Hinrichs, Friedrich Wilhelm I., 102.

165 Richard Doebner: Aktenstücke betreffend die Vernichtung der Briefschaften Sophie Charlottes, König von Preußen, 1705. In: Forschungen zur brandenburgischen und preußischen Geschichte 11, 1900, 541f., hier 542.

setzungen in Kinder- und Jugendjahren – offenbar für zukunftsfähig gehalten:[166] Friedrich Wilhelm I. machte die Instruktionen, nach denen er erzogen worden war, zur Grundlage der Erziehung seines Sohnes Friedrich II.

1.7 »Eine Rechte Liebe und Furcht vor Gott«. Friedrich Wilhelms I. Erziehungsinstruktionen für Friedrich v. Preußen (1718)

1.7.1 Vorbemerkung

Trotz aller leidvollen Erfahrung verwendete Friedrich Wilhelm I. die Erziehungsinstruktionen noch für seinen Sohn Friedrich, dem späteren ›Philosophenkönig von Sanssouci‹ und schreibt damit die Genealogie der Erziehungsinstruktionen des Markgrafentums Brandenburg-Preußen fort. Auch Kronprinz Friedrich war aus Sicht seines Vaters kein leichter Schüler. Friedrich Wilhelm befürchtete, dass die neuen Ideen der Aufklärung und das musische Interesse des Prinzen auf eine kostspielige absolutistische Hofstaatshaltung hinauslaufen würden, die er noch von seinem Vater her kannte und ablehnte.[167]

Friedrich wurde zunächst von Marthe de Rocoulle (1655–1741), die als Madame de Montbail bereits Erzieherin seines Vaters gewesen war, aufgezogen.[168] Mit vier Jahren wurde er dem hugenottischen Refugié Jacques Égide Duhan de Jandhun (1685–1746) anvertraut, den Friedrich Wilhelm bei der Belagerung von Stralsund 1715 im Gefolge seines Feldmarschalls und ehemaligen Hofmeisters Alexander v. Dohna schätzen gelernt hatte. Alexander v. Dohna, den Friedrich Wilhelm im Rahmen des Retablissements von Preußen wieder in seine Dienste nahm, wirkte zudem beratend an den Erziehungsinstruktionen Friedrichs mit.[169] In Übereinstimmung mit Dohnas Eziehungsinstruktionen bestimmt Friedrich Wilhelm I., dass sein Sohn Friedrich schon ab dem dritten Lebensjahr der Obhut männlicher Erzieher zu übergeben ist.[170] Königin Sophie Dorothea (1687–1757), die Mutter Friedrichs, hatte trotz ihrer offensichtlichen Versuche, die Verbindung zu ihren welfischen Verwandten zu stärken, wenig Einfluss auf die Erziehungs-

---

166 Friedrich Wilhelm hält auch nach Dohnas Entlassung Kontakt zu ihm, vgl. Hinrichs, Friedrich Wilhelm I., 3 sowie Borkowski, Erzieher und Erziehung, 141.

167 Vgl. Theodor Schieder: Friedrich der Große. Ein Königtum der Widersprüche. Frankfurt/Main 1983, 29.

168 Vgl. auch zum Folgenden Johannes Kunisch: Friedrich der Große. Der König und seine Zeit. München 2004, 13. Vgl. auch Brief von Elisabeth Charlotte von Orléans an Kurfürstin Sophie von Hannover vom 8.4.1714 u. vom 7.8.1697. In: Aus den Briefen der Herzogin Elisabeth Charlotte von Orléans an die Kurfürstin Sophie von Hannover. Ein Beitrag zur Kulturgeschichte des 17. und 18. Jahrhunderts. Hg. v. Eduard Bodemann. Bd. 2. Hannover 1891, 345.

169 Vgl. Borkowski, Erziehung und Erziehung, 142.

170 Vgl. Borkowski, Erziehung und Erziehung, 93.

instruktionen, bot dem Kronprinzen aber später ein höfisches Refugium, in dem er seinen musischen Interessen nachkommen konnte.[171]

Friedrich Wilhelm regelt in den eigenhändig aufgesetzten Erziehungsinstruktionen, die auf den 13. August 1718 datiert sind, die näheren Erziehungsziele.

1.7.2 Inhalt

In Anlehnung an Fuchs' Erziehungsinstruktionen wird im Manuskript Friedrich Wilhelms die Gottesfurcht zur Richtschnur des Regierens erhoben, wobei Friedrich Wilhelm sogleich die calvinistischen Vorstellung verwirft, dass mangelnder Erfolg auf Erden auf eine vorherbestimmte ewige Verdammnis hindeute. Friedrich Wilhelm ersetzt die calvinistische Prädestinationslehre durch die ebenfalls bei Francke vorgezeichnete Vorstellung einer Verantwortung des Herrschers vor Gott. Die Vorstellung eines über den Gesetzen stehenden und alleine Gott verantwortlichen Herrschers ist im Rahmen der *legibus solutus*, die alleine das *ius divinum* als bindend erklärt, Konsens der Fürstenspiegel der Zeit. In der Betonung der persönlichen Verantwortung gegenüber dem Schöpfer findet sich jedoch auch ein Nachhall der pietistischen Intentionen Franckes. Zudem war Friedrich Wilhelm 1713 bei seinem ersten Besuch nach Regierungsantritt in den Franckeschen Stiftungen gewesen und hatte sich beeindruckt gezeigt.[172] Angereichert ist die Erziehungsinstruktion Friedrich Wilhelms daher durch ein pietistisches Vokabular, das neben die ›Furcht Gottes‹ die ›Liebe zu Gott‹ setzt und den Pietismus gegen den Socianismus, den Arianismus, den Atheismus und den Deismus in Schutz nimmt.

Neu hinzu tritt zudem die ökonomische Ausrichtung, die ebenfalls auf Francke verweist, aber auch Friedrich Wilhelms eigenstem Interesse entspricht: der König erlegt seinem prädestinierten Nachfolger auf, sich als »guter wirth«, d. h. als sparsamer Hausvater seines Staates zu bewähren. Dieser Punkt begegnet in den Vorläufern dieser Erziehungsinstruktion noch nicht – über die Ökonomie und damit über die Ablehnung absolutistischer Hofhaltung findet die Forderung der Sorge um das Volkswohl, die sowohl Francke wie auch Leibniz formuliert hatten, mit zwanzigjähriger Verspätung doch noch Eingang in die Erziehungsinstruktionen eines preußischen Herrschers. Ein weiterer Punkt, der weitgehend auf Friedrich Wilhelms Bestreben, die Erziehungsinstruktionen seines Vaters zu aktualisieren, zurückgeht, findet sich in der Bestimmung der Rolle des Thronfolgers als obersten Kriegsherren: dem sechsjährigen sollte eine »wahre liebe zum Soldaten stande« eingeflößt und beigebracht werden, wie ein »*officier* und *general* zu *agiren*.« Friedrich Wilhelm erweitert diesen Aspekt im Vergleich zu den älteren Instruktionen dahingehend, als dass er neben die Gottesfurcht die »*gloire*, und Begierde zue Ruhmb und Ehre« – mit anderen Worten: die siegreiche Kriegsführung – setzt. Kriegsführung und Gottesfurcht verbürgen in dieser

---

[171] Vgl. Kunisch, Friedrich der Große, 27.

[172] Hinrichs, Preußentum und Pietismus, 126f. Der zweite Besuch erfolgte 1720, vgl. ebd., 151f.

Perspektive das Seelenheil des Herrschers und damit das Wohlergehen des Staates. Die Rhetorik stellt denn auch die Bedeutung der militärischen Ausbildung deutlich über die höfische Erziehung.

Daher verwirft die Erziehungsinstruktion von 1718 Latein und Altertumskunde – jene beiden Fächer, mit denen Friedrich Wilhelm als Kronprinz seine meiste Mühe hatte – sowie die alte und alttestamentarische Geschichte nebst den Anleitungen zur Repräsentation. An ihre Stelle setzte er die angewandte Mathematik, Ökonomie, Geographie, neuere Geschichte und Staatenkunde.[173] Friedrich Wilhelm verharrt im Rahmen der calvinistischen Prädestinationslehre, wenn er in seinen Instruktionen für Friedrich die Genealogie des Hauses Brandenburg auf Johann Sigismund (1572–1620) zurückführt. Dieser gilt als Muster gelungener Herrschaft, weil er als erster brandenburgischer Herrscher zum calvinistischen Glauben übergetreten ist – seither stelle sich (so Friedrich Wilhelm) die Geschichte des Herrscherhauses als stetiger Aufstieg dar.[174] Die religiöse Erziehung verlief wie schon bei Friedrich Wilhelm über die Memoration von Bibelsprüchen und Psalmen wie auch die explizite Kenntnis der Evangelienberichte. Insgesamt hat es den Anschein, als dass Friedrich Wilhelm in seiner Reduktion des Leibnizschen Bildungsideals zurückfindet zu den pragmatischen Erziehungsinstruktionen von 1662. Dass diese – und nicht etwa die Instruktionen von 1695 – die Grundlage für Friedrich Wilhelms eigene Schrift bilden, scheint aber unwahrscheinlich, berücksichtigt man den unvermindert starken Einfluss von Franckes *Gedancken*.

Auf der anderen Seite vermerken die Erziehungsinstruktionen auch lapidar, dass der Thronfolger ›gute Bücher‹ lesen solle. Friedrich trug – unterstützt durch seinen Erzieher Duhan – innerhalb kürzester Zeit eine umfangreiche Bibliothek zusammen, die vor allem die französischen Autoren des *grand siècle* sowie die neueren Hauptwerke der Philosophie und Staatslehre enthielt. Friedrich Wilhelm ließ die umfangreiche Bibliothek jedoch bald wieder gegen den Willen des Kronprinzen verkaufen.[175]

Und noch an anderer Front zeichnete sich der Widerspruch zwischen den Erziehungsinstruktionen des Vaters und dem Wesen des Sohnes ab: Friedrich Wilhelm I. tilgte den Hinweis auf die notwendige Erholung, der noch Bestandteil der Erziehungsinstruktionen von Paul v. Fuchs war, indem er vor der Faulheit warnte. Wahrscheinlich ist das zugleich eine Warnung vor einem zu hohen Anteil musischer Erziehung, die Friedrich Wilhelm selbst verachtet hatte und die später immer wieder für Zwistigkeiten zwischen ihm und Friedrich sorgen sollte.

---

173 In einer Ergänzung aus dem Jahre 1725 wird der Fokus der Staatskunde erweitert, vgl. Ernst Bratuschek: Die Erziehung Friedrichs des Großen. Berlin 1885, 25–27.

174 Vgl. Hinrichs, Friedrich Wilhelm I., 62.

175 Bratuschek, Die Erziehung Friedrichs des Großen, 39–54. Vgl. auch Peter Baumgart: Kronprinzenopposition. Zum Verhältnis Friedrichs zu seinem Vater Friedrich Wilhelm I. In: Friedrich der Große, Franken und das Reich. Hg. v. Heinz Duchhardt. Köln, Wien 1986, 5–23.

1.7.3 Hintergrund

1718 werden dem bisherigen Erzieher Duhan de Jandun zwei weitere Erzieher zur Seite gestellt und die Erziehungsinstruktionen – unter expliziter Bezugnahme auf die Erziehungsinstruktionen von 1695[176] – für den sechsjährigen Kronprinzen festgelegt: General Albert Conrad Graf v. Finckenstein und Oberst Christoph Wilhelm v. Kalckstein (1682–1759), der mehr als Mentor denn als Erzieher 1704 Alexander v. Dohna beerbt hatte und Erzieher Friedrich Wilhelms geworden war. 1721 wurden diese Erziehungsinstruktionen durch ein Reglement[177] ergänzt und gleichzeitig das Gut Wusterhausen an Friedrich übergeben, wo er einen Hofstaat im Kleinen halten und so – wie schon sein Vater – das politische und ökonomische Handwerk erlernen sollte.

Die calvinistische Erziehung durch Rebeur, die Friedrich Wilhelm in der Tradition des Hauses Brandenburg-Hohenzollern stehend erfahren hatte, reglementierte den rebellischen Kronprinzen Friedrich Wilhelm um 1700 durch die Prädestinationslehre. Erst der Einfluss von August Hermann Franckes Schriften milderte dieses Bild einer unentrinnbaren Vorherbestimmung. Wohl aus der eigenen leidvollen Erfahrung heraus versuchte Friedrich Wilhelm den Einfluss der Prädestinationslehre auf seinen Sohn Friedrich zu reduzieren und verbannte den Hofprediger Johann Ernst Andreä (1671–1731) 1725 vom Hof. Gleichwohl war der Kronprinz bereits im Wesentlichen mit den Gedanken der Prädestinationslehre vertraut.[178] Vor allem Friedrichs Kinderjahre waren geprägt von einer starken Frömmigkeit, die auch August Hermann Francke beeindruckte.[179] In seinen Jugendjahren jedoch ging Friedrich zunehmend auf Distanz zu Francke, den er schließlich als ›Pharisäer‹ ablehnte.[180] Friederike Wilhelmine (1709–1758), die Schwester Friedrichs, erinnert sich rückblickend:

> On ne devoit parler d'autre chose que de la parole de Dieu ; tout autre discours étoit défendu. [...] En un mot, ce chien de Franke [!] nous faisoit vivre comme les religieux de la Trappe [i. e. Trappistenmönche, Anm. d. Hg.]. Cet excès de bigoterie fit venir à ce prince des pensées encore plus singulières.[181]

Selbst ein Besuch Gotthilf August Franckes (1696–1769) auf Gut Wusterhausen bewirkte keine Wiederannäherung Friedrichs an den Halleschen Pietismus.

Auffällig ist die stärkere Personalisierung der Erziehungsschrift von 1718: Friedrich Wilhelm betont nicht nur, dass er persönlich der Urheber dieser Schrift

---

176 Der »Bestallung und Instruktion für den Generalleutnant Grafen von Finckenstein und Obersten von Kalkstein« von 1718 ist eine Abschrift der Erziehungsinstruktionen von 1693 beigefügt, die handschriftliche Ergänzungen und Korrekturen von der Hand Friedrich Wilhelms aufweist (GStA PK, I. Hausarchiv, Geheimer Rat, Rep. 36 Nr. 246, Bl. 1–18).

177 Friedrich Wilhelm I. v. Preußen: Reglement, wie Mein ältester Sohn Friedrich Seine Studien zu Wusterhausen halten soll. In: Förster, Friedrich Wilhelm I., Bd. 1, 357–359.

178 Ingrid Mittenzwei: Friedrich II. von Preußen. Berlin (Ost) 1979, 17.

179 Carl Hinrichs: Der Kronprinzenprozeß. Friedrich und Katte. Hamburg 1936, 11.

180 Reinhold Koser: Geschichte Friedrichs des Großen. 4 Bde. Bd. 1. Darmstadt 1963, 10f.

181 Friederike Sophie Wilhelmine v. Bayreuth: Mémoirs de Frédérique Sophie Wilhelmine Margrave de Bayreuth, sœur de Frédéric le Grand, depuis l'année 1706 jusqu'à 1742 écrits de sa maine. Hg. v. Gérard Doscot. Paris 1967, 73f.

ist (was der Autograph bestätigt), sondern auch, dass alle Anweisungen von ihm ausgehen. Die Verantwortung liegt damit letztlich beim König und nicht bei den Erziehern. Diese haben aber – sehr viel unmittelbarer als noch in den älteren Instruktionen – dem König Bericht zu erstatten. Mahnungen und Rügen werden nicht mehr durch einen Boten vermittelt, sondern direkt vom Herrscher ausgesprochen. Als Katalysator harscher Rügen bezieht Friedrich Wilhelm zudem seine Gattin mit ein, die den König gegenüber dem Thronprinzen unantastbar erscheinen lassen soll. Der Wortlaut der Instruktionen ist gegenüber der Vorlage verknappt. Die rhetorischen Formeln, die die Weitläufigkeit und Größe Preußens betonen, aber auch die schmückenden Epitheta sind weitgehend reduziert. So ersetzt Friedrich Wilhelm etwa die Ehrenbezeichnungen »Wir« und »Eure Liebden« durch ein einfaches »Ich« und durch »Mein Sohn«. Schon auf sprachlicher Ebene manifestiert sich so der Wille des Vaters, dem Sohn eine am praktischen Nutzen orientierte Erziehung zuteil werden zu lassen.

Friedrich II. erinnert in seinem *Politischen Testament* die Kinderjahre seiner Erziehung mit Schrecken.[182] Den Grund für die ›schlechte Erziehung‹ sieht er »in dem Ehrgeiz der Minister und in der Selbstsucht der Geistlichen«.[183] Überzogene Erwartungen von Seiten der weltlichen wie der geistigen Erzieher lassen aus Sicht Friedrichs II. die Erziehungsziele der ›honnêté‹ ebenso fragwürdig erscheinen wie die der ›Gottesfurcht‹. Auch wenn Friedrich II. unter anderem die ökonomische und militärische Neuordnung Preußens aus den Erziehungsinstruktionen seines Vaters übernimmt, ausweitet und aktualisiert, finden sich kaum noch direkte Übernahmen der älteren Erziehungsinstruktionen. Auf deren Grundlage ließe sich – so die Überzeugung Friedrichs II. – nur ein »Theaterkönig« heranziehen, nicht jedoch ein König von Preußen, »der sich nach seiner eigenen Einsicht zu richten vermag, der auf eigene Kosten klug und verständig geworden und geistig reif ist, wenn er zum Throne gelangt.«[184] In den für den Thronfolger August Wilhelm (1722–1758) bzw. dessen ältesten Sohn Friedrich Wilhelm (1744–1797, reg. 1786–1797) verfassten Schriften zeichnet sich mit zunehmender zeitlicher Distanz auch eine Einsicht in die Notwendigkeit der Erziehungsmethoden seines Vaters. Die Erziehung des künftigen Preußenkönigs wird mit der Erziehung eines Privatmannes auf eine Stufe gestellt, »der sich sein Glück selber schmieden muß«. Mit diesem neuen Voltaire verpflichteten Erziehungsgedanken wird Friedrich II. auch zum »unerbitterliche[n] Erzieher zum Preußentum«.[185]

---

182 Vgl. Friedrich II. v. Preußen: Testament Politique 1752 April–Juli. Original im Geheimen Staatsarchiv Preußischer Kulturbesitz BPH Urk. III, 1 Nr. 21. Vgl. auch die Instruktionen für Behnisch vom 26.7.1773 für die Erziehung der späteren Könige Friedrich Wilhelm II. und Friedrich Wilhelm III. (abgedruckt in: Die Werke Friedrichs des Großen in deutscher Übersetzung. Hg. v. Gustav Berthold Volz. Bd. 7. Berlin 1913, 208f.).

183 Friedrich II. v. Preußen: Das politische Testament von 1752. In: Die Werke Friedrichs des Großen in deutscher Übersetzung. Hg. v. Gustav Berthold Volz. Bd. 7. Berlin 1913, 188.

184 Friedrich II., Das politische Testament, 192.

185 Martina Weinland: Der Kronprinz. Soldatische Strenge und geborgtes Glück. In: Friedrich der Große. König zwischen Plicht und Neigung. Hg. v. Dieter Alfter. Bonn 2004, 17–31, hier 19.

Wie lassen sich die unterschiedlichen Erziehungsinstruktionen von 1662, 1695 und 1718 abschließend bewerten? Sie propagieren ein Ideal, das den Schüler in der Regel maßlos überfordert und zwischen den Erfordernissen einer geistlichen wie höfischen Erziehung einzwängt. Aus diesem Grund sind die Erziehungsinstruktionen in ihrer ursprünglichen Gestalt nie umgesetzt, sondern den pragmatischen Erfordernissen angepasst worden. Die brandenburg-preußischen Erziehungsinstruktionen des 17. und 18. Jahrhunderts sagen daher mehr über den Verfasser bzw. Auftraggeber (bzw. über deren Ziele und Zeitumstände) als über den Zögling aus. Nach fast hundertjähriger Verwendung am Hof von Brandenburg-Preußen verwirft Friedrich der Große in dem von ihm gefertigten Erziehungsinstruktionen von 1751 schließlich das unerfüllbare Ideal, das Francke, Leibniz und Fuchs entwickelt hatten: »Ni vous ni toutes les puissances de l'univers ne sauraient changer le caractère d'un enfant ; tout ce que peut l'éducation, c'est de modérer la violence des passions.«[186]

---

[186] Friedrich II. v. Preußen: Instruction au Major Borcke vom 24.9.1751. In: Œuvres de Frédéric le Grand. Hg. v. Johann David Erdmann Preuß. Bd. 9. Berlin 1848, 37–40, hier 43.

2 Quellen

Die Quellen werden diplomatisch transkribiert, das heißt, die indivduelle Orthographie wurde beibehalten, offensichtliche Schreibfehler werden durch Ergänzungen in eckigen Klammern korrigiert. Streichungen der Autoren werden durch spitze Klammern (< >), Ergänzungen durch Schrägstriche (/ /) wiedergegeben. Anmerkungen des Herausgebers sind in eckigen Klammern eingefügt. Fremdsprachige Termini, die im Manuskript in lateinischer Schrift erscheinen, werden durch serifenlose Antiqua wiedergegeben.

2.1 Friedrich Wilhelm v. Brandenburg: Erziehungsinstruktionen für Karl Emil v. Brandenburg (1662)

2.1.1 Überlieferung

Die Instruktion für Otto v. Schwerin durch Friedrich Wilhelm v. Brandenburg von 1662 sind erstmalig abgedruckt bei Leopold v. Orlich: Geschichte des Preußischen Staates im siebzehnten Jahrhundert. Mit besonderer Beziehung auf das Leben Friedrich Wilhelm's des großen Kurfürsten. Aus archivalischen Quellen und aus vielen noch ungekannten Original-Handschriften. Theil 3. Berlin 1839, Seite 352–360; dieser Edition folgen alle Neudrucke des 19. und 20. Jahrhunderts. Ein Vergleich mit der Vorlage ergab, dass die Transkription Orlichs nicht diplomatisch ist und eine Reihe von Lesefehlern enthält. Sie wurde daher neu ediert. Die Originalhandschrift befindet sich im GStA PK, I. Hausarchiv, Brandenburg-Preußisches Hausarchiv, Rep. 35, Kurfürst Friedrich Wilhelm, V 8, Bl. 2–11. Es handelt sich um eine doppelseitig beschriebene Reinschrift zu zehn Blatt mit geringfügigen Ergänzungen (von der Hand Friedrich Wilhelms v. Brandenburg).

2.1.2 Edition

[Bl. 2^{r}]

12. Aug. 1662. Instruction und Bestallung für den ObersPræsidenten Freÿherrn von Schwerin zum Hoff=Meister beÿ dem ChurPrintzen

Unsers Von Gottes gnaden Friderich Wilhelms, Marggraffen zu Brandenburg, des Heÿl: Römischen Reichs ErzCämmerern und Churfürsten, zu Magdeburg, in Preussen, zu Jülich, Cleve, Berge, Stettin, Pommern, der Cassuben und Wenden, auch in Schlesien, zu Crossen und Jägerndorff Herzogs, Burggraffen zu

Nürnberg, Fürsten zu Halberstad, Minden und Cammin, Graffen zu der Marck und Ravenßberg, Herrn zu Ravenstein und der Lande Lauenburg und Bütow, vor Unsers Ältesten Sohns und ChurPrinzen /Libden/ /Hn. Caroli Amilii, Marggraffen zu Brandenburg, zu Magdeburg, in Preußen, zu Jülich, Cleve, Berge, Stettin, Pommern &c./ <Caroli Æmilij Lbd> Hoffmeistern, /Unserm Geheimen Rath und Ober=Præsidenten, <auf der ChurMarck Brandenburg, Erb=Cämmerer>/ Otto Freÿherrn von Schwerin, der Chur Marck Brandenburg Erb=Cämmerers, Herrn zu Alten Landtsberg. <Otto freÿherrn von Schwerin>

Instruction und Bestallung,

Nachdem nicht allein aus den Exemplen und gemeiner erfahrung allenthalben bekandt, was grosse sorge und treue auch privat Persohnen aus angebohrner Natürlicher Liebe und Zuneigung gegen Ihre Kinder vor derselben gute erziehung zutragen und anzuwenden gewohnet: Sondern auch vornehmlich Fürstlichen Eltern obliegen und gebühren will, [Bl. 2^{v}] daß dieselbe hierunter so viel mehrere sorgfalt verspüren lassen, als beÿ einem so wichtigem wercke nicht allein Sie, Ihre Hohe Häuser und posterität, sondern auch Ihre Lande und Leuthe, und demnach so viel tausend Menschen interessirt sein, welcher wohlfarth oder verderb aus diesem fundament der guten oder übelen auferziehung der Fürstlichen Jugend gemeiniglich den Ursprung zu nehmen pfleget;

Und dan Unsers Ältesten Sohnes und ChurPrinzen Marggraffen Caroli Æmilij L[ie]bd[en]. nunmehr durch Gottes gnade das Siebende Jahr abgeleget, und also ein solches Alter erreichet, darin Sie zur wahren Gottesfurcht und allen Christlichen und Fürstlichen tugenden ie länger ie mehr anzugewohnen, auch nach anweisung der güldenen Bull in der Lateinischen und andern sprachen zu unterrichten und zu üben sein;

So gehet Uns unter den Zeitlichen sorgen, womit Wir beÿ der schweren Regierungs Last nicht wenig beladen, fast Keine mehr zu gemüthe, als wie Wir Hochgedachten Unsers ChurPrinzen bestes hierunter dergestalt beobachten, und demselben einen solchen Hoffmeister vorstellen und Zuordnen [Bl. 3^{r}] mögen, welcher diesen Unsern Zweck mit treuem eiffer befordere, und Ihro L[ie]bd[en]. Zarte Jugendt durch fleissige auffsicht, gute vermahnung und Exempel dahin lenke und dirigire, damit dieselbe in allen einem Teütschen Fürsten und künfftigen Regenten wohlanständigen sitten, sprachen, Künsten und tugenden, zuforderst der wahren Gottesfurcht täglich wachsen und Zunehmen, und also tüchtig und geschickt werden möge, dermahleins nach Gotteswillen die von desselben gnade Uns anvertrauete Lande und Leuthe nach Unserm Hintritt löblich zu regiren und nicht allein Unserm Chur= und Fürstlichen Hause und Familien, sondern auch dem Römischen Reich und geliebtem Vaterlande Teutscher Nation eine sonderbahre Zierde, Leuchter und Seüle zu sein.

Und weil Uns nun Unsers Geheimen Raths und OberPræsidenten, Otto Freÿherrn v. Schwerin vornehme qualitäten, rühmliche tugenden, und bißhero geführter untadelhaffter wandel, insonderheit seine unterthänigste devo[Bl. 3^{v}] tion und Liebe zu Uns und Unserm ChurHause überflüssig bekand, Wir Uns auch dessen über fünff und Zwanzig Jahr und bald von anfang Unser Churfürstlichen Regierung in den wichtigsten geschäfften und angelegenheiten, so wohl beÿ Friedens= als Kriegs Zeiten, ganz nüzlich, und zu Unserm gnädigsten gefallen und vergnügen gebraucht;

Also haben Wir schon vorlengst auf desselben Persohn Unser sonderbahres vertrauen und absehen gerichtet, und Ihn dazu gnädigst erwehlet und ausgesehen, daß Wir Ihm die Education Unsers Sohnes L[ie]bd[en]. auftrügen und anvertraueten;

Nachdem auch derselbe Unser dißfals an Ihn gethanes gnädigstes gesinnen und dabeÿ bezeigende Churfürstl. confidenz, vor die höheste gnade, so Wir ihm iemahls erwiesen, auf= und angenommen, und als ein sonderbahres Zeichen Unser gnädigsten Zufriedenheit, so Wir ob seinen bißherigen unterthänigsten Diensten und Verrichtungen tragen, ausgedrüket, auch dabeÿ bezeuget, daß er es vor die höheste glückseeligkeit schäzen wolte, wenn er seinem unterthänigsten wunsch und verlangen nach, das Vermögen und die Kräffte haben möchte, Uns, Unserm ChurPrinzen, und [Bl. 4r] dem ganzen Lande einen so importanten Dienst zu erweisen; So haben Wir solches Unser Vorhaben länger nicht aufhalten, sondern nunmehr fortsezen und werckstellig machen wollen, Gestalt Wir dan hiemit und in Krafft dieses mehr hochgedachten Unsers Sohnes und ChurPrinzen Marggraff Caroli Æmilij L[ie]bd[en]. Ihm Unserm Ober=Præsidenten, Otto Freÿherrn von Schwerin, dergestalt gnädigst anvertrauen und übergeben, daß Er sich dessen Hoffmeisterschafft und Oberauffsicht würcklich unternehmen, und dabeÿ überall würcklich also bezeigen solle, wie solches einem getreuen und verständigen Hoffmeister eignet und gebühret, und Er sich es in seinem gewissen gegen Uns, Unserm ChurPrinzen, und ganzem Churfürstl: Hause, und der wehrten posterität, auch dermahleins am Jüngsten Gerichte gegen Gott dem Allerhöchsten zu verantworten getrauen wird. Wie Wir dan auch Unsers Sohnes L[ie]bd[en]. allemahl dahin halten und vermahnen wollen, Ihm willig zu folgen, und in demselben, was zu Ihrem besten und dieser Instruction gemäß [Bl. 4v] von Ihm angeordnet und Ihro L[ie]bd[en]. zugeredet wird, Sich nicht wiederspänstig zuerweisen.

Ob auch zwar dieses Ambt dergestalt wichtig und weitläuftig, daß es auff Unsers ChurPrinzen ganze Persohn, und alles Deroselben thun und lassen gerichtet, und dahero demselben alhie keine genugsame maaß noch Ziel gegeben werden kan, sondern das meiste Unsers OberPræsidenten prudenz, treue und wachsamkeit billich zu überlassen; So haben Wir doch demselben diese Instruction zuertheilen und darin gewisse puncta und regulen, worauff er sein vornehmbstes absehen zuschlagen, zuverfassen und vorzuschreiben nötig erachtet;

I. Und zwar weil anfangs bekand, daß die Gottesfurcht nicht allein das fundament und gleichsam die Königin der andern tugenden, sondern auch der rechte ursprung und brunnquelle ist, woraus alle so woll zeitliche als ewige glückseeligkeit, seegen und benedeÿung herfleüßt; dieselbe auch denen Fürstl. Persohnen und Regenten so vielmehr nötig und wohl anständig, weil Sie von Gott dem Allerhöchsten vor vielen [Bl. 5r] tausenden mild väterlich angesehen und gesegnet, auch desselben Hülffe und beÿstandts am allermeisten bedürftig sein; So wird Unser Ober Præsident dieses seinen ersten und vornehmbsten Zweck, auch seine meiste sorgfalt dahin gerichtet sein lassen, daß dieselbe wahre furcht Gottes, Unsers Sohnes L[ie]bd[en]. zartem Herzen recht eingepflanzet werden, und in demselben solche wurtzell fassen möge, damit sie sich hernach in seinem ganzen Leben und Regierung hervor thue und erweise. Zu welchem ende Er dann 1. aus der Heÿl: Schrifft gewisse schöne sprüche, welche sich sonderlich auf des Prinzen Zustand reimen, extrahiren, und Ihn dieselbe, wie auch sonsten die nüzlichste Psalmen und andere Geistreiche Gebethe auswendig lernen zulassen.

2. Ihn dahin zugewehnen, damit Er so wohl als seine Bediente Morgents und abents das Gebeth auf den Knien verrichte, darauf ein Capittell aus der Bibell lese, und was Er daraus behalten, erzehle; Wobeÿ dan auch, wan es die gelegenheit giebet, die Psalmen und Geistliche Lieder zu singen, [Bl. 5v] auch künfftig, da es orth und gelegenheit zulassen wird, Bethstunden in Seinem Gemach zu halten.

3. Soll der Catechismus fleissig mit Ihm getrieben, und Ihm die Principia und Hauptstücke der Christlichen wahren Reformirten Religion, von einem Unserer HoffPrediger daraus beÿgebracht werden.

4. Wird Er Ihn die Predigten fleissig besuchen, und was Er daraus gemercket, referiren lassen.

5. Offters discurse von Gott halten, und wie auf denselben alle Menschen, sonderlich aber Fürsten Ihr einziges Vertrauen und Hoffnung Zusezen, wobeÿ dan auch die gegenpflicht, und was Gott hinwiederumb von Ihnen fordere, vorzustellen.

6. Wird Er die ienige Persohnen von Ihm abhalten, welche zu fluchen, schweren und andere Gottlosen reden gewohnet seien, Gestalt Wir dan verbiethen laßen wollen, daß sich ohne Unsers OberPræsidenten willen niemandts unterstehen soll, zu dem Prinzen zu kommen, weniger einer familiaritet gegen denselben sich zu gebrauchen.

7. Soll Er Unsern ChurPrinzen, wan derselbe etwan schweren oder fluchen solte, davon treulich und ernstlich abmahnen, und da keine [Bl. 6r] besserung darauf erfolgete, solches anzeigen.

8. Dergleichen Exempla aus den Historien beÿ zubringen, dabeÿ Unsers Sohnes L[ie]bd[en]. verspüren können, wie reichlich Gott die ienigen, welche sich seiner furcht ergeben, gesegnet, und wie hart Er hingegen andere umb der impietät willen gestraffet hatt.

Welches dan auch beÿ dem ganzen Decalogo also gehalten, und durch alle Zehen Geboth Gottes ausgeführet werden kan, also daß es solcher gestalt an täglichen exempeln und vermahnungen, auch verhoffentlich an Göttlichem Seegen und benedeÿdung, so wohl in diesem alß andern stücken nicht ermangeln wird.

II. Vors ander ist Unserm OberPræsidenten auch ohne Unserm erinnern bewust, wie viel einem Fürsten an geziemendem respect und authorität beÿ Männiglich gelegen, und welch einen grossen nachdruck und lustro derselben auch die äusserliche mores et gestus zu wege bringen können. Wie dan solches nicht allein von denen, welche die Ideâ perfecti Principis[187] geschrieben, unter den vornehmbsten qualitäten und requi[Bl. 6r]sitis gerechnet, sondern auch von den Historicis den ienigen, so damit begabet gewesen, und absonderlich vom Tacito dem Germanico, quod fuerit visu et auditu Juxta venerabilis, nachgerühmet wird. Dannenhero Unser OberPræsident auch hierauf fleissige aufsicht zu haben, damit Unsers ChurPrinzen sitzen und gebärden recht fürstlich sein, und das decorum darin wohl observiret, alles übel anständige aber vermieden werde.

Gestalt Er dan auch allen fleiß anzuwenden, daß Er alles rein, deutlich und wohl ausspreche, und Sich eines guten accents in iedweder Sprache befleissige, zu welchem ende dan alle, die mit Ihm sprechen, dahin zu halten, daß sie selbst Ihm in ieder Sprache reinlich zureden.

Und weil daran gelegen, daß der Prinz die französische sprache ex usu lerne, so sollen alle, so dieser sprache mächtig, dahin angewiesen werden, in derselben mit Ihm zureden, unangesehen Er noch nicht also antworten könne.

III. Was drittens pro captu ætatis beÿ dem Studieren zu thun, solches hatt Unser OberPræsident aufs beste zu dirigiren, und benebenst dem Ephoro den bequemsten methodum zu überlegen und zuersinnen; Jedoch soll allezeit solche moderation dabeÿ gebrauchet werden, daß Unser ChurPrinz keinen Eckell vor den Büchern und Studijs [Bl. 6v] bekomme. Vor allen Dingen wird aniezo dahin zu sehen sein, daß er fertig lesen und zierlich schreiben lerne. Wie mehr Er sonsten in den literis fassen wird, ie lieber soll uns solches sein. Weil aber alle Ingenia zu derer hierzu nötigen stetigkeit nicht geneiget, So soll so wohl der Hoffmeister als Ephorus Ihr L[ie]bd[en]. das Latein beÿ aller begebenheit, beÿm anziehen, ausziehen und spatzieren gehen oder fahren beÿzubringen Ihnen angelegen sein lassen, præmia darauf sezen, wenn etwas behalten wird, und dabeÿ mit fleiß verhüten, daß kein Eckel darüber genommen werde.

Wan er auch etwas grösser wird, und im Latein zunimbt, So sollen Sie öfters solche Leüthe zu seinem divertissement zu Ihm führen, die Latein können, und quasi ludendo solches mit beÿbringen.

Was weiter wegen des Studirens vor Instruction zu ertheilen, werden des Prinzen eigene profectus an die Hand geben, Alßdann Wir auch ferner darin verordnen, und so wohl Unsers OberPræsidenten als des Ephori einrathen dabeÿ vernehmen wollen, Indessen aber und beÿ aller gelegenheit soll der Prinz in Geographicis, als einem nicht weniger nüzlichem als [Bl. 7r] lustigem Studio fleissig angeführet, und darin recht perfectioniret werden; zu dem ende dan die große Charten in Seinem Gemach aufzuhengen, und ein Globus stets an der Hand zu haben, damit alsoforth ein ieglicher orth, wo von gemeldet, gezeiget, und zu desto besser behaltung von dem vornehmbsten orthen Historien erzehlet werden; Dergleichen dan auch mit Unserer Vorfahren in der Regierung, Marggraffen und Churfürsten zu Brandenburg, wie nicht weniger der hochlöblichen Printzen von oranien Contrefaicten und

[187] Titel nicht ermittelbar. Vielleicht ist gemeint Diego de Saavedra Fajardos: Idea principis christiano politico (1640).

Bildnußen zu thun, und deren Genealogie, vornehmbste Geschichte und tugenden Ihr L[ie]bd[en]. wohl einzudrücken, damit Sie diese domestica Exempla stets vor Augen und im gedächtnüß haben, und denselben nachzuahmen Sich befleissigen; Wie dan auch sonsten allezeit der Prinz zu fassung /rühmlicher/ Exempell und erzehlung guter Historien, insonderheit solcher, die den Regenten nüzliche Lehren geben, anzuhalten, und Ihr L[ie]bd[en]. dieselbe so oft deutlich vorzusagen, daß Sie solche recht begreiffen und behalten mögen.

Und weil die Eloquenz einem Regierenden Fürsten nicht allein ein grosses ornament, besondern auch hochnüzlich ist, So sollen Unsers Sohns L[ie]bd[en]. vor allen Dingen dazu fleissig gehalten, zu anfangs Ihm kurze reden, auswendig zu lernen, vorgeschrieben, [Bl. 7v] künfftig aber von Ihr L[ie]bd[en]. selbst ausgearbeitet, dazu aber allezeit solche materien genommen werden, die einem Regierendem Churfürsten in Seiner Regierung täglich vorkommen, Wie dan deßfals, wenn Unsers Sohns L[ie]bd[en]: Sich mit dem reden ein wenig besser werden behelffen können, rechte actus mit adhibirung anderer Knaben anzustellen, worin Unsers Sohns L[ie]bd[en]. allezeit des Fürsten Persohn repræsentiren soll, zu welchen actibus allemahl Unsere Räthe und andere zu invitiren, damit Unsers Sohnes L[ie]bd[en]. Sich dabeÿ deren hierzu nötigen Freÿheit angewehnen möge, /wie Wir auch selbsten zuweilen denenselben beÿwohnen wollen/.

So bald auch die Jahre es leiden wollen, soll Unsers Sohnes L[ie]bd[en]. zu den Prinipiis Mathematicis angeführet, und zu dem ende, sonderlich wenn einige inclination verspüret wird, vom Zeichnen der anfang gemachet werden.

Wie es aber künfftig nach erlangten Principijs Latinæ Linguæ weiter mit Ihm in studijs anzustellen, darüber soll Uns alßdann vom Hoffmeister und Ephoro Ihr unvorgreiffliches unterthänigstes gutachten eröfnet werden, Und wollen Wir darauff die fernere gemäße notturftt verfügen, Und da Wir verspürten, daß [Bl. 8r] der Prinz mit mehrerm belieben studiren würde, wen noch iemand Seines Alters nebenst Ihm wehre, wollen Wir auf einen oder andern Knaben guten Ingenij bedacht sein, und wie es damit zu halten, alsdan verordnen.

IV. Damit auch Unsers Sohnes L[ie]bd[en]. gemüth zu den Studijs desto mehr aufgewecket, und per intervalla angefrischet, Seine gliedmaßen auch gestärcket und die gesundheit, welche Wir ohne dem Unserm Ober=Præsidenten in allen stücken aufs fleissigste zubeobachten gnädigst anbefehlen, desto besser unterhalten werde, So wird Vierdtens nötig sein, daß die bewegung und exercirung des Leibes hinzukomme. Und weil der anfang im Dantzen schon gemachet, So soll damit noch ferner continuiret, iedoch so wohl dabeÿ als beÿ allen andern Dingen ein solcher modus gehalten werden, daß Ihr L[ie]bd[en]. es vor keinen Zwang halten, noch verdruß davon empfinden. Zu welchem ende dan auch dem Hoffmeister erlaubet, so offt ers gut, und den Prinzen beÿ der Lust zum studiren zuerhalten, vor dienlich erachtet, [Bl. 8v] mit demselben spatzieren zu fahren, auch sonsten spiele und andere ziembliche ergözlichkeit vornehmen zu lassen, sonderlich zu anfangs, damit er erst recht in den gang gebracht werden möge. Da aber Unser Ober Præsident wegen seines bekanten mangels am Schenckell nicht überall zu Fuß folgen kan, Soll Ihm solches nicht übell genommen werden, Jedoch soll Er den Prinzen nirgents allein gehen, besonders allezeit einen von Adell oder den Ephorum mitgehen lassen, und denenselben Injungiren, fleissig acht auf Ihn zu haben, und sonst in keine unbekandte und schädliche conversation kommen zu lassen.

Was das Reithen und Fechten anlanget, weil Ihro L[ie]bd[en]. noch dazu zu schwach, wird solches dahin zu versparen sein, biß Sie durch Gottes seegen mehrere Jahre und stärcke erlanget, alßdann dazu nötige anstalt gemachet werden soll.

Damit Sie auch an der Taffell gute dis[Bl. 9r]cursen hören, So soll der Hoffmeister allezeit Leuthe wehlen, so mit speisen, und sonst niemandts erlaubet sein, weder zur Taffell oder auch sonsten zum Prinzen ohne Seinem des Hoffmeisters willen zu kommen. Wobeÿ Er dan solche Circumspection zugebrauchen wissen wird, daß niemand dazu verstattet werde, von dem einige Corruption oder ärgernüß zu befahren were.

Und weil nun obiges alles besser nicht zum stande und effect gebracht werden kan, als wan dem Hoffmeister beÿ einem so schweren wercke gebührender schuz gehalten, und Er mit gnugsamer authorität dazu versehen wird, So thun Wir Ihm, so viel Er nur immer davon von nöthen, hiedurch versprechen und ertheilen.

In specie verweisen Wir 1. an Ihn alle die Jenige Persohnen, so entweder sich bereits iezo beÿ Unsers Sohnes L[ie]bd[en]. würcklich befinden, oder die Wir Ihm hiernegst so woll zur Information, als aufwartung zuordnen werden, also und dergestalt, daß sie Seinen Befehlen und verordnungen allerdings nachkommen [Bl. 9v] und geloben, auch ausser Seinem vorwissen sich mit dem Prinzen etwas vorzunehmen nicht unterstehen sollen, Gestalt Wir Sie dan auch dahin in Ihren Pflichten /wollen/ anweisen laßen.

2. Versprechen Wir Unserm OberPræsidenten gnädigst, daß Wir die Leuthe, so zu Unsers Sohnes aufwartung iezt und künfftig gebrauchet werden sollen, mit seinem Vorwissen und einrathen wehlen wollen, und solches, weil Wir gnädigst versichert, Er auch gehorsambst zugesaget, daß Er hierunter bloß auf des Printzen bestes sein absehen richten werde.

Und ob auch zwar Unser OberPræsident beÿ Uns instendig und unterthänigst angehalten, daß Wir Ihm zu desto besserer bedienung Unsers Sohnes L[ie]bd[en]. seiner anderen verrichtung, sonderlich der direction Unserer affairen in gnaden entschlagen wolten, wie Er dan diese bedienung nie anders als mit dieser bediengung angenommen, So haben Wir Uns doch noch zur Zeit dazu nicht erklehren können; Aldieweil Er aber [Bl. 10r] gleichwohl hiebeÿ so viel Zeit zu Unsern andern affairen nicht wirdt abstossen können, So wollen Wir die unfehlbare vorsehung thun, daß er mit allen Privat negotijs und Supplicationen unbeschweret bleiben, auch sonsten die anderen expedienda unter Unsern Räthen distribuiren soll. Was Er aber dabeÿ wird verrichten können, zweiffeln Wir nicht, werde Er Seiner Uns bekanten treue nach nicht unterlassen.

3. Gleich wie der Hoffmeister mit dem Printzen nichts, so in dieser Instruction nicht enthalten, vornehmen wird, darüber Er nicht zuvorn Unsern gnädigsten

willen vernommen, So wollen auch so wohl Wir als Unserer Churfürstlichen Gemahlin L[ie]bd[en]. aus dem ienigen, was Ihr L[ie]bd[en]. auferziehung angehet, Selber mit Ihm reden, und sonst niemandten verstatten, Ihm in sein Ambt zu greiffen.

4. Damit auch der Prinz zu dem Hoffmeister eine affection gewinnen, und also durch gütigkeit zu allem guten <bösen> [Bl. 10^{v}] gewehnet, und vom bösen abgehalten werden möge, So wollen Wir Ihro L[ie]bd[en]. so offt Sie etwas beÿ Uns suchen werden, sehen lassen, daß Unsers Ober Præsidenten Intercession dabeÿ etwas vermag.

5. Wollen Wir zu des Prinzen notturfft, und Seiner Leuthe bezahlung gewisse mittell anweisen lassen.

6. Versprechen Wir dem Hoffmeister, daß, wan Unsers Sohnes L[ie]bd[en]. dermahleins in frembde Lande oder ander öhrter verschicket würde, Ihm seine Charge und gebührender respect allerdings ungekräncket gelassen, und niemandt, der Ihm, unter was Nahmen solches auch immer sein möchte, vorgezogen würde, mitgegeben werden soll.

Vor solche seine mühesame aufwartung und bedienung wolten Wir Ihm nun auch in gnaden geben lassen, was vor diesem Unser Hoffmeister bekommen; Jedoch weil Er sich selbst erboten, so lange Er noch den OberPræsidenten dienst [Bl. 11^{r}] zu verwalten /und also Seine vorige bestallung behelt, oder nicht außer Landes sein wird, mit Sechshundert R[eichs]th[a]l[e]r[n]. desfals vergnüget zu sein, so laßen Wirs auch dabeÿ in gnaden bewenden, Und soll Ihm solches aus denen mitteln, so Wir zu Unsers Sohnes L[ie]bd[en]. unterhalt verordnen wollen, allemahl richtig ausgezahlet werden, Auch soll Ihm freÿstehen zweÿ Diener an dem Tische, da Unsers Sohne L[ie]bd[en]. Diener speisen, mitge<st>hen zu laßen. <und nichts ausser Landes sein wird, mit der Helfte in unterthänigkeit vergnügt zu sein, So lassen Wirs auch dabeÿ in gnaden bewenden, und soll Ihm solches allemahl richtig außgezahlet werden.> Und weil Er zu desto besserer auffsicht stets in Unsers Sohnes L[ie]bd[en]. Cammer und nebenst Seinem Bette schlaffen wird, So wollen Wir den Seinigen nebst daran einige Gemächer zu deren Commodität anweisen lassen.

Zu mehrer Uhrkunde hab[e]n Wir diese Instruction und Bestallung mit Unsrer eigenen hand unterschrieben, und darunter Unser Cammer Secret drücken laßen, Cölln an der Spree den 12. Aug. 1662.

2.2 August Hermann Francke: *Einige Gedancken von der Auferziehung eines zum Regiment destinirten Printzen* (1694)

2.2.1 Überlieferung

Von Franckes pädagogischem Entwurf hat sich ein doppelseitig beschriebenes Konzept von fünf Blatt Umfang (AFSt/H A 183 : 10) und eine doppelseitig beschriebene Reinschrift (AFSt/H D 80, 437–448) erhalten. Der Entwurf trägt die Handschrift von Heinrich Julius Elers oder Johann Heinrich Callenberg mit Korrekturen von August Hermann Francke; die Reinschrift stammt von einem unbekannten Schreiber. Ediert ist nach der Reinschrift, die bislang – soweit ermittelbar – nicht gedruckt wurde und von der eine Ausfertigung im Geheimen Staatsarchiv Berlin exisiert (GStA PK, I. Hausarchiv, Rep. 36 Hofverwaltung, Nr. 241, Bl. 1–18), die auf 1694 datiert ist. Weder der Katalog der Hand- noch der der Druckschriften Franckes verzeichnet den Text.[188]

Die auf 1694 datierte Ausfertigung im Geheimen Staatsarchiv beantwortet die Frage, wann Francke erstmals für den Hof von Brandenburg gewirkt hat – und damit ist auch der Beginn der ›Symbiose‹ von Halle und Berlin, von Pietismus und Preußen (die üblicher Weise mit Erteilung des Waisenhausprivilegs 1698 angesetzt wird), um vier Jahre vorzudatieren.[189] Zu vermuten steht, dass Franckes Entwurf, der seine direkten Spuren in Paul v. Fuchs' Erziehungsinstruktionen von 1695 hinterlassen hat, nicht nur die Zustimmung des Herrscherhauses fand, sondern einen wesentlichen Punkt markiert, in dem hallischer Pietismus und preußische Monarchie erstmals interagieren.

Unklar bleibt trotz allem, wann Francke seine *Gedancken* abgefasst hat. Mutmaßlich hat ihn Paul v. Fuchs aufgefordert, einen Entwurf auf der Grundlage von Friedrich Wilhelms *Instruction* von 1662 zu erarbeiten, also die (calvinistische) *Instruction* zu aktualisieren. Aufgrund der Literaturangaben, die Francke macht, kann die Entstehungszeit nicht vor 1689 liegen. Zudem bezieht sich Francke auf die französische Ausgabe von Armand de Bourbon de Contis Fürstenspiegel, der erstmals 1665 publiziert wurde, und von dem sich eine Ausgabe aus dem Jahr 1666 in der Bibliothek der Stiftungen erhalten hat.[190] Nimmt man als Fixum eines frühestmöglichen Entstehungsdatums die Literaturangabe der anonym

---

[188] Vgl. August Hermann Francke: Pädagogische Schriften. Hg. v. Gustav Kramer. Langensalza ^{2}1885 (Beyer's Bibliothek pädagogischer Klassiker); Catalogus M. August Hermann Franckens bißhero heraus gegebener Schrifften und Vorreden. S. l. 1698 [BFSt: 76 D 2 (125)]; August Hermann Francke 1663–1727. Bibliographie seiner Schriften. Bearb. v. Paul Raabe u. Almut Pfeiffer. Tübingen 2001 (Hallesche Quellenpublikationen und Repertorien, 5).

[189] Vgl. Hinrichs, Preußentum und Pietismus, 24.

[190] Eine deutsche Übersetzung von de Contis Fürstenspiegel ist erst 1698 erschienen.

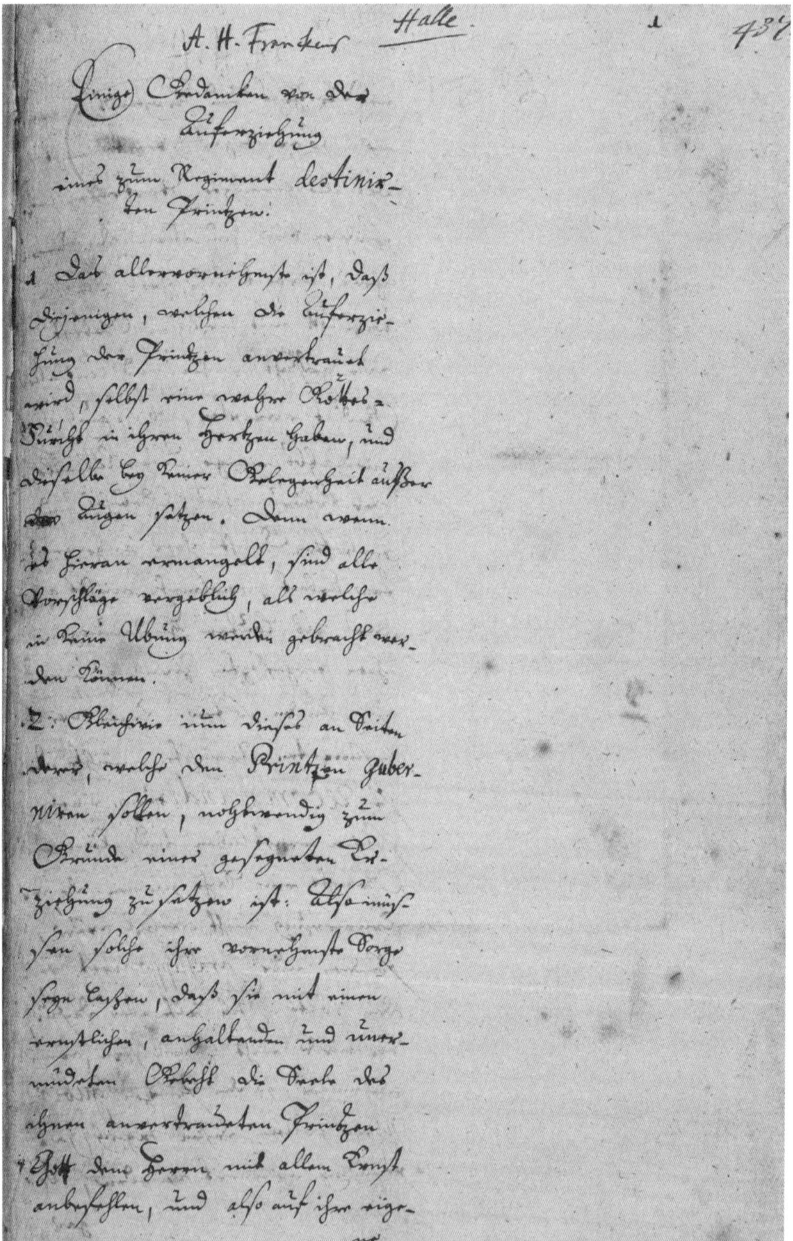

A. H. Franckes — Halle — 1 — 437

Einige Gedancken von der Auferziehung eines zum Regiment destinirten Printzen.

1 Das allervornehmste ist, daß diejenigen, welchen die Auferziehung der Printzen anvertrauet wird, selbst eine wahre Gottesfurcht in ihrem Hertzen haben, und dieselbe bey keiner Gelegenheit außer den Augen setzen. Denn wenn es hieran ermangelt, sind alle Vorschläge vergeblich, als welche in keine Ubung werden gebracht werden können.

2. Gleichwie nun dieses an Seiten derer, welche den Printzen guberniren sollen, nohtwendig zum Grunde einer gesegneten Erziehung zu setzen ist: Also müssen solche ihr vornehmste Sorge seyn lassen, daß sie mit einem ernstlichen, anhaltenden und unvermudeten Gebet die Seele des ihnen anvertrauten Printzen Gott dem Herrn mit allem Ernst anbefehlen, und also auf ihre eigene

August Hermann Francke: Einige Gedancken von der Auferziehung eines zum Regiment destinirten Printzen (1694). Halle, Franckesche Stiftungen: AFSt/H D 80, 437–488, hier S. 437

erschienen Schrift *De l'éducation de la jeunesse* von 1689 hinzu, so lässt sich die Entstehungszeit von Franckes Manuskript auf die Zeit zwischen 1689 und 1694 eingrenzen.[191]

2.2.2 Edition

[S. 437]
/A[ugust]. H[ermann]. Franckens/ /Halle/
Einige Gedancken von der Auferziehung eines zum Regiment destinirten Printzen.

1. Das allervornehmste ist, daß diejenigen, welchen die Auferziehung des Printzen anvertrauet wird, selbst eine wahre Gottes=Furcht in ihrem Hertzen haben, und dieselbe bey keiner Gelegenheit außer <dem> Augen setzen. Denn wenn es hieran ermangelt, sind alle Vorschläge vergeblich, als welche in keine Ubung werden gebracht werden können.

2. Gleichwie nun dieses an Seiten derer, welche den Printzen guberniren sollen, nohtwendig zum Grunde einer gesegneten Erziehung zu setzen ist: Also müssen solche ihre vornehmste Sorge seyn laßen, daß sie mit einen ernstlichen, anhaltenden und unermüdeten Gebeht die Seele des ihnen anvertraueten Printzen Gott dem Herrn mit allem Ernst anbefehlen, und also auf ihre eige[S. 438]ne Weisheit und Verstandt in einem so wichtigen Wercke nicht das allergeringste Vertrauen setzen, sondern bloß und allein den Seegen ihrer Arbeit und ihres Fleißes vor Gott mit herzlichen Gebeht, wie gedacht, suchen, und mit aller Gedult erwarten, ob sie auch gleich niemahls einige MerckMahle der Erhörung ihres Gebehts und verhoften Frucht ihrer angewendeten Arbeit, vielmehr nichts anders als lauter Hinderungen ihren vorgesezten Zweck zu erreichen, finden solten. Einen weltgesinneten Gemühte möchte diese recommandirung eines solchen ernstlichen und gläubigen Gebehts eine Sache scheinen, die der Erinnerung nicht wehrt wäre, sondern nur præsupponiret werden solte. Ich halte aber dafür, es würde nicht zuviel seyn, wenn diejenigen, so den Printzen guberniren sollen, deßen täglich, ja stündlich erinnert würden; So [S. 439] gar leichte wird diese Haupt=Pflicht vergeßen, ohne welche doch alle andere, auch die klügsten Consilia nichtig und umsonst sind. Der Außgang würde es lehren, daß ein solches gläubiges und unermüdetes Gebeht eines Hof-Meisters, informatoris oder dergleichen, einen gewißen und unfehlbahren Seegen auf den Printzen und folglich auf das Regiment, und die demselben anzuvertrauende Lande bringen würde.

3. Zu wünschen wäre auch, daß keine andere Bediente einem solchen Printzen zugegeben würden, alß an welchen Er ein tugendhaftes und christliches Wesen sehen könnte. Solches ist aber mehr zu wünschen, als zu hoffen; daher wenigstens nur diese Sorge zu tragen wäre, daß keine in offenbahren Lastern lebende

---

191 Die unmittelbar vorausgehenden Blätter der Kollation datieren von 1713/14 [Bl. 346], während Bl. 670 von 1690 datiert.

Leüte noch atheistische Gemüther, desgleichen auch keine Stock=Narren[192] um den Printzen geduldet werden. Denn durch [S. 440] dergleichen Leüte wird offenbahrlich alles Gute nicht allein verhindert, sondern auch das entgegen gesezte Böse, ja das allerärgste und greüligste um ihres eigenen Vortheils willen eingepflantzet werden. Sollte aber auch nur eine ein[z]ige Persohn, die Gott von Hertzen fürchtete, um den Printzen seyn, welche nicht verwehren könte, daß ihm nicht allerley zu seinem Verderben rahtende Leüte zugegeben würden; so hätte doch dieselbige um des willen den Muht nicht wegzuwerfen, sondern alle solche Umstände mit desto größern Ernst Gott im Gebeht vorzutragen und zu glauben, daß Gott überschwenglich tuhn könne über alles, was wir bitten oder verstehen, und es ihm demnach ein Leichtes sey, entweder alle Hinderungen aus dem Wege zu schaffen, oder das Gute, welches man dann und wann in des Printzen Hertz einzupflanzen Gelegenheit findet, [S. 441] dergestalt zu segnen, daß der Printz endlich selbst lerne das Böse verwerfen, und das Gute zu erwehlen.

4. Auch möchte große Sorgfalt von Nöhten seyn, daß dem Printzen kein ander divertissement verstattet würde, als welches mit einen reelen Nutzen und Vortheil verknüpfet wäre; hingegen alle solche Ergötzlichkeiten abgeschnitten würden, die nur einen blossen Zeit=Vertreib zum Zweg haben, als wodurch das Gemüht profaniret, zum Müßiggang verleitet, und zu künftiger Ubernehmung der Regiments=Last unvermerkt untüchtig gemacht wird. Wohin, zum Exempel, das Carten-Spiel und andere dergleichen mehr gehören.

5. Das allergrößte Verderben junger Printzen bestehet darinnen, daß unter dem prætexte einer fürstlichen und liberalen Education ihnen aller Eigen=Wille von [S. 442] Kindes=Beinen an gelaßen wird. Weil nun der menschliche Wille ohne dem von Natur zu allen Bösen geneiget ist, und zwar bey Fürsten nicht weniger als bey andern Menschen, so ist eine solche Education mehr eine thierische als fürstliche Education zu nennen, und wäre kein Wunder, daß denn lauter bestien und wilde Thiere und nicht einmahl vernünftige Menschen durch dergleichen Erziehung gemacht würden. Es ist nicht zu läugnen, daß eine Weisheit dazu erfodert wird, einen Printzen nicht auf eine knechtische Art zu tractiren, und ihm dennoch seinen verderbten Eigen=Willen zu brechen, und läßet sich solches nicht wohl in gewiße Regeln faßen, sondern kommt vornehmlich auf diejenigen an, so ihn zu guberniren gesezt sind. Die Sache aber ist absolute nöthig, oder man sihet /an einen solchen Printzen/ schon vor Augen, dem sein eigener Wille in allen gelaßen wird, wie heydnisch und unchristlich er dermahleins sein Re=[S. 443] giment führen wird, und was für schrecklicher Schaden daraus zu gewarten.

6. Diesen Schaden zu verhüten, und den Printzen nicht mit seinen künftigen Regiment unglücklich zu machen, würde ein großes beytragen, wenn jemand, der um Ihn, vornehmlich aber, der Ihm vorgesetzet ist, ihm die Majestät und grandeur des lebendigen Gottes und Schöpfers Himmels und der Erden in den Momenten,

---

[192] »ursprünglich nicht eine bloße steigerung von narr [...], sondern [...] ein narr von kurzer gestalt«, Jacob und Wilhelm Grimm: Deutsches Wörterbuch. Bd. 19: Stob – Strollen. Leipzig 1957, Sp. 115.

da des Printzen Gemüht stille und aufmercksam ist und bequem scheinet einen festen Eindruck von einer so wichtigen Sache zu faßen, ihm fleißig vorstellete. Bey welcher Vorstellung denn nicht zuvergeßen sind die übrigen Mittel, welche Gottes Wort an die Hand giebet, eine heilige Furcht vor Gott ins Hertz zu pflantzen, als da sind: eine ernsthafte und nachdrückliche Erzehlung der großen Wercke und T/h/a<h>ten Gottes, eine Vorstellung seiner Gerechtigkeit und seiner Gerichte, wie er sie von Anfang der Welt erwiesen, seiner All=[S. 444]gegenwart, Allwißenheit, AllMacht p.p. Wenn einem Printzen dergleichen wichtige Puncte öfters inculoiret, und seine ersten Ideën gleichsam davon formiret werden, so werden sich solche als die ersten impressiones von Dingen, die an sich einer ewigen und ins Hertz geschriebenen Wahrheit sind, so leichtlich nicht bey zunehmenden Jahren unter der zu besorgenden großen Verführung verliehren. Es ist und bleibt aber die Furcht Gottes der Weißheit Anfang. Wird diese nicht mit höchster Sorgfältigkeit zum Grunde geleget, so wird bey aller sonst klügsten Anführung nur auf den Sand gebauet.

7. So bald der Printz einen <wahren> mehrern Gebrauch des Verstandes von sich spühren läßet, ist auch nöhtig, daß ihm fest imprimiret werde, es sey für einen Regenten kein beßeres Buch in der gantzen Weld zu finden, als die Heilige Schrift, weil (1) in derselbigen am Besten gelehret wird, wie das *Regiment* löblich geführet werden solle, (2) durch keinen andern Buche größere Weisheit, Klugheit und Verstand zu schöpfen ist, und (3) insonderheit dieses in derselbigen durchaus bestäti=[S. 445]get, <wird>, /und mit so vielen Exempeln bezeuget wird/, daß es einem Fürsten wohl gehe, und aller Seegen in seiner Regirungen zufließe, wenn Er nur Gott fürchte; Hingegen daß es ihm unfehlbarlich übel gehe, und aller Seegen gerinne, wenn er die Furcht Gottes aus den Augen setze, und nach seinen eigenen Willen leben wolle.

Diese und dergleichen Gründe müßen mit solcher Weißheit, Sorgfalt und Ernst dem Printzen eingeschärft werden, daß daher eine große Veneration gegen Gott und sein Wort in seinem Hertzen entstehen könne, welche dadurch wird mercklich vermehret werden, wenn ihm [!] voraus dann und wann, nehmlich für allen zu der Zeit, da das Gemüht am aufmercksamsten ist, die kräftigsten Exempel mit einer lieblichen, doch ernsthaften Art, und mit inspergirung der daraus zu ziehenden Lehren, erzehlet werden.

8. Sonst ist überall dieses eine bequeme Art dem Gemüht eines Printzen die gehörige Gestalt zu geben, daß man demselbigen die Exempel beydes der bösen und löblichen Regenten (Auch wie sie in ihrer Kindheit und <in der> Jugend gewesen) vorerzehle, und beyderley Arten [S. 446] so characterisiret, daß sie für den Bösen einen Abscheü, hingegen eine Liebe zur Nachfolge löblicher Printzen und Regenten gewinnen. Des gleichen ist einem künftigen Regenten hochvon Nöhten, daß ihm von Kindheit auf die Historie der Reiche von Anfang der Welt dergestalt vorgeleget werden, daß er darinnen vornehmlich Gottes Weege und souveraine Regierung in Aufrichtung, Erhaltung und Zernichtung aller Königreiche und Monarchien genau observiren lerne: zu welchem Ende insonderheit

einem Informatori Carionis Chronicon,[193] und von franzö[s]ischen und neüeren Scribenten: Bossuart discourshus l'histoire universelle[194] zu recommandiren ist, jedoch mit Aus<N>nahme deßen, was von Ihm zu Vertheidigung des Pabstuhms eingemenget wird. Hiebey ist dann nicht zu versäumen, daß dem Printzen stets eingepräget werde, wie Gott Könige und Fürsten stürtze, wann sie stolz sind, sich der Schwelgerey und den Wollüsten ergeben, und in Summa ihre Herrschaft nicht zu Gottes Ehre und der Untertahnen Besten, sondern nur zum großen Pracht und wollüstigen Leben anwenden. Wobey die Bedrückung und das Seüfzen der Untertahnen nicht außen bleiben kan. [S. 447]

9. Wiewohl auch ferner nicht zu zweifeln ist, daß diejenigen, welchen ein Printz anbefohlen ist, die dazu erforderte große Weisheit nicht beßer als durch ernstliches Gebeht und damit verknüpfte emsige Betrachtung des Wortes Gottes erlangen können: so kan doch zu solchem Zweck die Lesung eines und andern dahin zielenden Buches einen Beytrag geben, vornehmlich, wenn darinnen mit Fingern gleichsam gezeiget wird, was man in der Schrift zu seinem Zwecke eigentlich observiren solle. Diejenigen, welche von der Auferziehung eines Printzen so wol in franzoischer [!] als in andern Sprachen geschrieben, haben zwar selten in ihrem eigenen Hertzen einen solchen Grund gehabt, aus welchem das rechte und wahrhaftige hätte fließen können. Daher viele dadurch hinters Licht geführet werden, welche dergleichen Schriften nicht nach Gottes Wort examiniren, noch den Geist der Prüfung haben, so zu deren Lesung erfodert wird. Hoburgs Fürstenspiegel,[195] weil er allein aus Gottes Wort genommen, gibt mehr Gutes an die Hand, als die andern alle; ob er wol, wie Gottes Wort selbst insgemein wenig geachtet wird. Dergleichen Fürsten=Spiegel hat der seelige Ahasverus Fritschius, weyland gräflicher Schwartzburgischer [S. 448] Cantzler geschrieben, und darinnen den Lebens=Lauf Ernesti Pij[196] andern Fürsten zum Exempel vorgestellet.[197] Nicht genug möchte recommandiret werden des Armand de Bourbon

---

193 Philipp Melanchthon: Chronicon Carionis Latine Expositum Et Auctum Multis Et Veteribus Et Recentibus Historijs, in narrationibus rerum Graecarum, Germanicarum & Ecclesiasticarum. Wittenberg: Rhaw, 1558. Im *Catalogus Librorum Bibliotheca Orphanotro* von 1720 (Katalog [der Hauptbibliothek Bd. II] mit vorangestelltem alphabetischen Index der Verfasser und am Schluß zugefügten alphabetischen Verzeichnis der Buchtitel [AFSt/H A 31]) befindet sich die Wittenberger Ausgabe von 1578.

194 Jacques Bénigne Bossuet: Discours Sur L'Histoire Universelle A Monseignevr Le Davphin. Pour expliquer la suite de la Religion & les changemens des Empires. Paris: Mabre-Cramoisy 1681. Der *Catalogus Librorum Bibliotheca Orphanotro* von 1720 (Katalog [der Hauptbibliothek Bd. II] mit vorangestelltem alphabetischen Index der Verfasser und am Schluß zugefügten alphabetischen Verzeichnis der Buchtitel [AFSt/H A 31]) verzeichnet die Amsterdamer Ausgabe von 1704.

195 Christian Hoburg: Christ-Fürstlicher Jugend-Spiegel. Allen Jungen Regenten/ und denen/ so die Regierung bedienen/ oder schierkünfftig bedienen möchten/ wol zubeschawen/ Zur höchstnöthigen Erinnerung [...] damit sie ein gutes Gewissen behalten. Franckfurt am Mayn: Merian, 1645. Exemplar der Universitäts- und Landesbibliothek Halle/Saale: Im 2746.

196 Herzog Ernst I. v. Sachsen-Gotha-Altenburg (1601–1675), genannt »Ernst der Fromme«, Begründer der Stammlinie Sachsen-Gotha-Altenburg.

197 Ahasver Fritsch: Heller Spiegel Eines frommen und Christlich-weisen Regentens. Nach dem Vortreflichen Exempel Des weyland [...] Herrn Ernsten des Dritten/ Hertzogen zu Sachsen

Prince de Conty franzöisches [!] Büchlein (welches auch zwey unterschiedliche Mahl ins Teütsche übersetzet ist), genannt le devoir des grands.[198] Weil es von einen Fürsten und zwar in FranckReich geschrieben möchte es vieleicht bey <un>unpræoccupirten Gemühtern, so viel leichter einigen Platz finden. Dahin gehöret auch das Tractätlein de la Sagesse de Salomon,[199] welches bekannter Maßen von einen großen Minister in FranckReich geschrieben, nachdem er in der der bastille die Eitelkeit der Weld erkannt. Auch würde ein gewißes franzöisches [!] Tractätlein, so zu Pariß anno 1664 ediret ist, de la Education de la jenesse [!][200] (welches in dieser Materie vor andre zu recommandiren gute und nützliche Regeln an die Hand geben, und einen beßern Grund legen als des bekannten Maximilian Fredri Monita politica,[201] der mit seinem ersten Monito: Deum semper cum apparatu cole,[202] zu erkennen giebt, daß alle Weisheit der Welt Tohrheit sey vor Gott. Wer den Anfang des Buches Jesus Syrach stets in Acht nimmet, wird das wahre von den falschen allezeit leichtlich unterscheiden können. Drum alle Weisheit, spricht er, ist von Gott dem Herrn, und bleibet bey ihn ewiglich.[203]

[...] Christ-seeligsten Andenckens. Rudolstadt: Boetius, 1683. Der *Catalogus Librorum Bibliotheca Orphanotro* von 1720 (Katalog [der Hauptbibliothek Bd. II] mit vorangestelltem alphabetischen Index der Verfasser und am Schluß zugefügten alphabetischen Verzeichnis der Buchtitel [AFSt/H A 31]) verzeichnet nur den Princeps Peccans, Sive Tractatus De Peccatis Principum. Jena: Brössel, Müller, 1674; die Universitäts- und Landesbibliothek Halle/Saale hingegen besitzt die deutschsprachige Ausgabe von 1683: Il 117 (2).

198 Armand de Bourbon de Conti: Les Devoirs des grands. Par Monseigneur le prince de Conty. Avec son testament. Paris: Barbin, 1665. Der *Catalogus Librorum Bibliotheca Orphanotro* von 1720 (Katalog [der Hauptbibliothek Bd. II] mit vorangestelltem alphabetischen Index der Verfasser und am Schluß zugefügten alphabetischen Verzeichnis der Buchtitel [AFSt/H A 31]) verzeichnet die Pariser Ausgabe von 1666, dt. u. d. Titel: Die Pflicht und Schuldigkeit Der Fürsten, Welche Ihnen zum unbetrüglichen Wegweiser dienen kan, Wie sie sich gegen Gott, gegen sich selbsten und gegen den Nechsten verhalten sollen. Aus dem Frantzösischen ins Teutsche übersetzet. [S.l.] 1698 (BFSt: 63 B 1, zusammengebunden mit anderen Erziehungsschriften, Fürstenspiegeln und politischen Ratgebern).

199 Michel Boutauld: Les Conseils de la sagesse ou le recueil des maximes de Salomon, les plus nécessaires à l'homme pour se conduire sagement. Avec des réflexions sur ces maximes. Paris: Mabre-Cramoisy, 1678. dt. u. d. Titel: Rath der Weißheit, Oder Auszug Salomonischer Maximen, Die der Mensch zu einer klugen Auffführung höchstnöthig hat / Mit Erwegungen über diese Maximen aus dem Frantzösischen [des Michel Boutauld] ins Teutsche übersetzet [von Samuel Frantz]. Nebst einer Vorrede Christ[ian] Gotth[elf] Blumbergs. Chemnitz: Stössel, 1707 (BFSt: 15 L 5).

200 [Anonymus:] De l'éducation de la jeunesse, où l'on donne la manière de l'instruire dans la Civilité, comme on la pratique en France. Paris: Villette, 1689. (BFSt: 165 I 8, aus dem Nachlass Cansteins).

201 Andrzej Maksymilian Fredro: Monita Politico-Moralia Et Icon Ingeniorum. Danzig: Förster, 1664. Im Besitz der Franckeschen Stiftungen befindet sich die Amsterdamer Ausgabe von 1700, BFSt: 15 L 5 [2], die erst 1754 in Besitz des Halleschen Gymnasiums gelangt sein dürfte.

202 Lat.: Ehret Gott stets mit Prunk. Eventuell zitiert Francke hier Fredro (vgl. Fredro, Monita Politico-Moralia, S. 5/Bl. A3v), vgl. a. Johann Christian Lünig: Angenehmes Labyrinth der Staats- und gelehrten Beredsamkeit. Worinnen die neuesten Reden zu finden, welche an unterschiedenen europäischen Höfen und sonsten in Freud und Leid ge-halten worden [...]. 2 Bde. Bd. 2. Leipzig: Lanckisch, 1750, 73.

203 Vgl. Sirach 1,1.

Monsieur.

Je vous renvoye vostre projet de l'Education d'un Prince, en vous remerciant.
l'Honneur, que vous m'avez fait d'en demander mon advis, est trop grand pour
moy. Cependant je puis dire sans flatter, que vous y avés mis quantité de pensées
excellentes et qui sont tout à fait de mon goust. Il y en a quelques unes, qui
sont peutêstre un peu problematiques, mais cela ne touche point le fonds de la
chose.

Je conçois trois degrés de perfection, qu'on peut envisager dans l'Education
d'un Prince, dont le premier est de necessité, le second est pour l'usage, le troisiesme
est pour l'ornement.

Suivant le premier degré il est necessaire, qu'un Prince soit homme de
bien, homme de coeur, homme de jugement, et honneste homme; l'homme de bien a des grands sentimens
de pieté, de justice, et de charité; et il s'applique fortement à faire son devoir.
L'homme de jugement raisonne juste sur toute sorte de matieres, sans se laisser eblouir
par les apparences. Et l'Honneste homme sçait garder la bienseance, et eviter tout ce
qui est choquant; et sans cette qualité le Prince ne sera gueres propre à paroistre
en compagnie de ses pareils.

Quant au second degré il est tres utile, qu'un Prince sçache la Politique et
l'art militaire. Ce sont proprement les deux mestiers, qu'un Prince devroit sçavoir
faire. J'avoue qu'il s'en peut passer absolument parlant; et pourveu, qu'il soit homme
de jugement, il pourra choisir des habiles Ministres et des bons Capitaines, les
tenir dans le devoir, et juger des expediens, qu'ils proposent, et des conseils qu'ils
donnent. Mais s'il est luy même homme d'Estat et Capitaine, il trouvera luy même
des expediens, et le moyen de les executer, sans dependre des autres, si non autant
qu'il a besoin d'instrumens pour le detail des choses. Pour estre homme d'estat, il
faut qu'il sçache le fort et le foible de son estat, le revenant bon des finances, les
moyens, qui font subsister ses sujets, les ordonnances et loix d'importance; le
droit public de l'Empire, en tant qu'il le touche; les interests et forces des voisins
et autres; leurs alliances et liaisons; le ceremoniel. Et pour estre Capitaine il
faut entendre la discipline militaire, la subsistance des trouppes, leurs mouvemens,
campemens, operations, les ouvrages et fortifications, les armes, instrumens de guerre,
artillerie, et tout autre attirail militaire.

Mais quand outre ces qualités le prince est encor éclairé en toute sorte de matieres
et agreable à tout le monde; c'est le troisiême degré de perfection, qui sert à l'ornement
et au plaisir, et ne laisse plus rien a desirer. Il sera éclairé s'il sçait l'Histoire,
la Geographie, les Genealogies, les loix et les canons, la theologie et les controverses.
Et s'il sçait de plus l'oeconomie, le jardinage, l'architecture, les mathematiques,
les beaux arts, les secrets de la nature; soit dans la medecine, dans la Chymie,
ou dans toute sorte de professions. Car puisqu'un Prince a bien du temps de

31

Gottfried Wilhelm Leibniz: Lettre sur l'education d'un prince (um 1693). Gottfried Wilhelm Leibniz Bibliothek – Niedersächsische Landesbibliothek Hannover, Rep. Leibniz-Handschriften IV, 11, Bl. 31–34, hier Bl. 31r

2.3 Gottfried Wilhelm Leibniz: *Lettre sur l'education d'un prince* (um 1693)[204]

2.3.1 Überlieferung

Die *Lettre sur l'education d'un prince* wird hier nach dem zweiten Entwurf von 1693 wiedergegeben (Gottfried Wilhelm Leibniz Bibliothek – Niedersächsische Landesbibliothek Hannover, Rep. Leibniz-Handschriften IV, 11, Bl. 31–34). Die doppelseitig beschriftete Abschrift zu vier Blatt wurde von Leibniz' damaligen Sekretär Gottfried Christian Otto gefertigt, der von 1690 bis 1693 in dessen Diensten stand. Das Manuskript berücksichtigt Korrekturen und Streichungen der älteren Fassungen, enthält aber selbst nur wenige Änderungen von Leibniz' Hand. Die überarbeitete dritte Fassung von 1709 bis 1711 lässt sich durch Heranziehung der Akademieausgabe konsultieren (LAA IV.3, 542–557). Die diplomatische Transkription behält die Originalschreibweise bei, ohne korrigierend einzugreifen; einzig die im Manuskript uneinheitliche Schreibung des Buchstabens »V« (»que« neben »qve«) wurde nach der Standardschreibung (»que«) vereinheitlicht.

2.3.2 Edition

[Bl. 31^{r}]

Monsieur.

Je vous renvoye vostre projet de l'Education d'un Prince, en vous remerciant. l'Honneur, que vous m'avez fait d'en demander mon advis, est trop grand pour moy. Cependant je puis dire sans flatter, que vous y avés [!] mis quantité de pensees excellentes et qui sont tout à fait de mon goust. Il y en a quelques unes, qui sont peutéstre un peu problematiques, mais cela ne touche point le fonds de la chose.

Je conçois trois degrés de perfection, qu'on peut envisager dans l'Education d'un Prince, dont le premier est de necessité, le second est pour l'usage, le troisiesme est pour l'ornement.

Suivant le premier degré il est necessaire, qu'un Prince soit homme de bien, /homme de coeur,/ homme de jugement, et honnestte homme ; l'homme de bien a des grands sentimens de pieté, de justice et de charité ; et il s'applique fortement à faire son devoir. L'homme de jugement raisonne juste sur toute sorte de matieres, sans se laisser eblouir par les apparences. Et l'Honneste homme sçait garder la bienseance, et eviter tout ce qui est choquant ; et sans cette qualité le Prince ne sera gueres propre à paroistre en compagnie de ses pareils.

[204] Eine (Teil-)Übersetzung findet sich in Gottschalk Eduard Guhrauer: Gottfried Wilhelm Freiherr von Leibnitz. Teil 2. Breslau 1846, 205 u. Anm. S. 18f.

Quant au second degré il est tres utile, qu'un Prince scache la Politique et l'art militaire. Ce sont proprement les deux mestiers, qu'un Prince deuvroit sçavoir faire. J'avoue, qu'il s'en peut passer, absolument parlant ; et pour veu, qu'il soit homme de jugement, il pourra choisir des habiles Ministres et des bons Capitaines, les tenir dans le devoir, et juger des expediens, qu'ils proposent, et des conseils qu'ils donnent. Mais s'il est luy même homme d'Estat et Capitaine, il trouvera luy même des expediens, et le moyen de les Executer, sans dependre des autres, si non autant qu'il a besoin d'instrumens pour le detail des choses. Pour estre homme d'estat, il faut qu'il scache le fort et le foible de son estat, le revenant bon des finances, les moyens, qui font subsister ses sujets, les ordonnances et loix d'importance ; le droit public de l'Empire, <qu> /en/ tant qu'il le touche ; les interests et forces des voisins et autres ; leurs alliances et liaisons ; le ceremoniel. Et pour estre Capitaine il faut entendre la discipline militaire, la subsistance des trouppes, leurs mouvemens, campemens, operations, les ouvrages et fortifications, les armes, instrumens de guerre, artillerie, et tout autre attirail militaire.

Mais quand outre ces qualités le prince est encor éclairé en toute sorte des matieres et agreable à tout le monde ; c'est le troisième degré de perfection, qui sert à l'ornement et au plaisir, et ne laisse plus rien à desirer. Il sera éclairé s'il scait l'Histoire, la Geographie, les Genealogies, les loix et les canons, la theologie et les controverses. Et s'il sçait de plus l'oeconomie, le jardinage, l'architecture, les mathematiques, les beaux arts, les secrets de la nature ; soit dans la medecin, dans la Chymie, ou dans toute sorte de professions. Car puisqu'un Prince a bien du temps de [Bl. 31^{v}] reste, qu'il peut donner á son plaisir, il vaut mieux, qu'il se plaise à ces belles realités si importantes à la vie humaine, qu'à des amusemens frivoles pour ne dire honteux. Aussi est il seur, que le plaisir, que le Prince prend aux belles connoissances sert d'encouragement aux curieux, et contribue beaucoup à des productions utiles et à l'avancement des sciences humaines, qui est glorieux au Protecteur.

J'ay souhaitté qu'un Prince soit non seulement éclairé, mais encor agreable. Pour cela il est bon, qu'il soit eloquent, tant en parlant, qu'en ecrivant ; qu'il puisse dire des bons mots ; qu'il sçache mille jolies choses capables de donner du plaisir, et particulierement la danse et autres exercices ; qu'il entende l'art des ornemens, et sçache la belle disposition ; qu'il ait l'oreille bonne, pour juger de la musique ; quoy qu'on ne doive point exiger, qu'il sçache luy même composer, chanter, ny jouer. Si ce n'est, qu'il se plaise à manier quelque instrument de Musique. Il sera bon encor qu'il joue bien toute sorte de beaux jeux, et sçache employer plusieurs divertissemens honnestes, pour regaler ses amis, tels que sont les tournois, les Wirtschafts,[205] les spectacles, les chasses ; Plus il sera entendu luy même en toutes ces choses, et plus il en relevera l'eclat et l'agrément.

Mais on nous demandera ; comment un Prince pourra trouver assez de temps pour apprendre tant de choses. Je reponds pour vous, Monsieur, et pour moy ; Que la raison voudroit, qu'un Prince fut autant elevé en sçavoir et en merite au

[205] Höfische Gesellschaftsspiele des 17. und 18. Jahrhunderts.

dessus de ses sujets qu'il les sur-passe en dignité et en puissance. On trouve en effect, que des grands Princes ont quelques fois des qualités si excellentes, qu'ils meriteroient d'estre Princes, quand ils ne le seroient pas. Aussi ont ils les moyens de devenir habiles en peu de temps, et de faire plus de progrés en un an, qu'un autre ne pourroit faire en cinq ou six. Le temps est la plus pretieuse de toutes les choses du monde, c'est proprement la vie, car autant qu'on perd du temps autant en perd on de sa vie. Et je trouve, que le plus grands usage des richesses est de pouvoir gagner le temps par l'assistance d'autruy. Or le Prince pouvant avoir la conversation des plus excellens hommes, qui prendront plaisir de luy communiquer en peu de temps, ce qui leur á cousté bien des fatigues, il peut ramasser en luy seul, et sans peine toute l'habileté de beaucoup d'autres. Combien perd on de temps à mille bagatelles ? Si tout ce temps estoit employé à entendre ou à voir agreablem[en]t des realités, comme cela se peut, en bien menageant celuy d'un jeune Prince, quel tresor de connoissances ne deuvroit il pas acquerir ? et tout cela en jouant. On me dira qu'il l'oubliera avec le temps, mais quand cela seroit à l'egard du détail, il luy resteront tousjours certaines idées, propres à reveiller les autres au besoin, et qui donnerent des ouvertures pour tout ce qui /se/ presentera : <mais je diray de plus ;> mais je diray de plus, que ce qu'on apprend avec agrément, et par raison n'echappe pas si aisément de la memoire.

Quant aux moyens de parvenir à toutes ces perfections, je me remets à vostre discours, Monsieur, qui en suggere de tres bons. Je veux neantmois en dire icy quelque chose en general sauf à vous, d'entrer dans le detail. Car pour pousser la chose à bout, il faudroit dresser une espece de modelle ou Etiquette. Et comme on ne sçauroit commencer de trop bonne heure à donner des bonnes [Bl. 32^{r}] impressions, il faudroit que ce projet du detail ; prenant le Prince dés la premiere enfance reglât d'année en année, ou plus tost de trois mois pour le moins <(pour ne reprendre ;> /en trois mois/ ses practiques et exercices, ses etudes et sa conversation ; sauf à ceux qui en auront la direction de changer, retrancher et adjouter selon les circonstances. On dit que le Roy d'Espagne a une Etiquette du Palais toute reglée ; les Rois de Perse en avoient, et les Monarques de la Chine en ont encor. Cela a ses usages et ses defauts. Et il faut profiter du bon de chaque chose ; mais quant à un jeune Prince, il est bon, que tout soit reglé sous une liberté apparente et qu'il aprenne, en croyant de se divertir[.] En attendant ce modelle, voicy une partie de ce qu'on en peut dire en gros.

Le bon naturel est la base et le fondement de tout. Mais nous nous trompons souvent, en prenant pour le naturel, ce qui est l'effect des premieres impressions, que l'enfance a receues ; une nourrice, une femme de chambre, un autre enfant un peu plus avancé, et quelques domestiques auront peut estre faict, ce qu'on appelle le naturel, et qu'on croit envoyé d'en haut ; il n'y a rien de si flexible que l'aage le plus tendre. Nous le voyons dans les animaux, à qui un habile maistre sçait faire des merveilles, et cependant les enfans sont infiniment plus dociles et plus susceptibles de varieté. Les premiers impressions doivent consister à faire qu'un enfant ne soit ny intimidé ny chagriné ; Qu'on ne le trompe, ny le rebute point ;

mais aussy qu'on ne l'accoustume point à estre opiniastre, en luy accordant tout ce qu'il veut. Le moyen de le detourner de quelque desir peu raisonnable consiste dans la varieté des plaisirs. On le divertira pas des mouvemens et spectacles agreables, qui commenceront d'abord à estre instructifs. Il faut avoir sur tout egard à la santé et à la formation du corps du jeune Prince en evitant egalement les excés et trop de reserve qui degenere en mollesse. Aprés cela, on l'entretiendra dans une gayeté d'esprit, mais sans malice, en se donnant bien de garde de faire des pieces aux gens, et mêmes aux animaux, pour le divertir ; et au lieu de cela on satisfera à sa curiosité naturelle, en luy monstrant mille petites jolies choses, qui au milieu de l'amusement commenceront à l'instruire. En même temps on luy formera la parole, prenant garde que ceux qui sont aupres de luy parlent bien et distinctement et s'expliquent agreablement sur plusieurs choses. Dés lors on y mêlera des petites Comedies. Et on choisira au Prince des Compagnons d'estude et de plaisir, qui seront des enfans de bien moindre qualité que la sienne, mais d'un excellent naturel ; plus aagés que luy de quelques années ; qui luy communiqueront insensiblement leurs bonnes qualités et connoissances, et tout ce qu'ils apprendront pour eux à part, ils l'apprendont quasi pour luy, et le Prince en tachant de les atteindre par une emulation naturelle, passera au delà de son aage.

A l'aage de quatre ans doivent déja commencer les estudes, mais tousjours sous l'apparence et pretexte de jeux. S. Hierôme a remarqué,[206] qu'on pouvoit apprendre les lettres et leur assemblage par un jeu concerté pour cet effect. On passera de même à l'écriture, on fera souvent des representations serieuses et agreables de mille rencontres de la vie, faites [Bl. 32v] par des personnes, qui s'expliquent et se gouvernent bien, ou le petit Prince jouera quelques fois luy même son rolle. Ces occupations luy donneront avec le temps un air degagé, une facilité de bien parler, et une connoissance de mille choses qu'il ignoreroit long temps sans cela. A quoy l'on joindra des fables, des Historiettes, des Apophthegmes et des beaux mots. Au milieu des promenades et des petits jeux on fera entrer quelque chose d'instructif, par le moyen de quelque petite recompense[,] de preference et de commandement donné à celuy qui fait le mieux, ou par l'obligation de faire ou de reciter quelque chose imposée à celuy qui a le moins reussi. Il y a mêmes des jeux, qui sont naturellement instructifs.

Quant aux langues il n'y a rien si aisé à un enfant, que de les apprendre par l'exercice. À mesure qu'il avancera, il y joindra une lecture agreable et utile et une petite grammaire aisée n'y sera melée que comme par discours pour rendre raison et pour resoudre les doutes. Je tiens le latin tres utile, et rien n'empeche un Prince de l'apprendre encor par l'exercice, à certaines heures, avec des per-

[206] Epistola 107 in Jacques Paul Migne: Patrologia Latina. Paris 1854, Bd. 22: Sancti Eusebii Hieronymi Stridonensis presbyteri opera omnia. Tomus primus, 871: »Procul sit aetas lasciva puerorum: ipsea puellae et pedisse quae a saecularibus consortiis arceantur, ne quod male didicerint, pejus doceant. Fiant ei litterae vel buxae, vel eburneae et suis nominibus appellentur. Ludat in eis, ut lusus ejus eruditio sit. Et non solum ordinem teneat litterarum, et memorie nominum in canticum transeat, sed ipse inter se crebro ordo turbetur, et mediis ultima primis media misceantur, ut eas non sono tantum, sed et visu noverit.«

sonnes qui le parlent bien, et qui d'ailleurs sont polies et capables de dire des bonnes choses. Generalement dans les langues ce qu'il importe le plus de sçavoir (outre les noms les plus ordinaires) ce sont les verbes et les bonnes phrases. Et quant aux termes des arts et professions il est plus important de les sçavoir dans les langues vivantes qu'en Latin, qui est plus tost pour les termes des sciences.

L'Histoire, la Geographie et leur appartenances sont sur tout propres à une jeune Prince. Outre l'Histoire de la Bible, ou les fondemens de la religion entreront adroïtement, appuyés sur des passages choisis (puisqu'en effect la religion revelée est une Histoire,) outre cela dis je, il luy faut un abregé commode de l'Histoire universelle qui marque les raisons des plus grands changemens, et les origines des choses. Item des Tables des Empereurs et des Rois avec certaines marques de leur naturel, l'Histoire de chaq[ue] Royaume occupant une Table à part. On donnera aussi des commencemens de la Genealogie et du Blason sur des petites Tables ou cartes, et l'on aura sut tout egard aux rivieres et autres bornes naturelles, qui servent ordinairement de base aux limites des estats. Il se faut donner de garde d'entrer dans un trop grand detail ; si non à l'egard des choses, qui sont plus prés de nostre temps et de nostre pays.

Comme l'enfance est un aage ou regne l'imagination, il en faut profiter, et la remplir de milles belles idées. J'approuve merveilleusement les Tableaux des Arts dont vous parler Monsieur. Et j'ay souvent souhaitté qu'on fit de ces representations, qui fissent voir d'une seule veue toute une science, art ou profession. J'en ay vû, et j'<ay> /en/ ay, eu moy <même la> /meme des echantillons. J'ay toute la fortification en une Table, J'ay de même la/ representation d'un vaisseau et d'une galere avec les explications des termes de marine. J'avois La Geometrie practique dans une seule Table ; [Bl. 33^{r}] un de mes amis avoit faict quelque chose de semblable sur l'artillerie à ma priere. J'ay vû les Principales antiquités de Rome sur un seul tableau choisis des bons maistres ou dans leur tailles douces. Il importe fort d'ailleurs, qu'un jeune Prince prenne quelque goust aux bons desseins, et s'exerce un peu à desseigner luy même ; rien n'estant plus utile dans la practique militaire ; sans parler de l'architecture civile, dont une representation abregée sur un tableau sera encor de grand usage. Et le même se pourra faire dans les autres sciences, arts et professions avec grandissime profit et plaisir d'un jeune Prince. Ce ne servient pas des nomenclatures steriles mais qui portent la connoissance des choses aves les termes, et qui representeroient toute la nature aussi bien que l'art. Je me suis souvent estonné, que parmy tant des choses qu'on a fait faire pour le Dauphin sur les anciens auteurs, on n'a pas songé à faciliter ces connoissances qui ont bien plus de realité.

Mais outre ces representations je serois d'avis, qu'on se servit des Cabinets de l'art et de la nature pour monstrer au jeune Prince les echantillons des choses mêmes, ou au moins leur modelles. On a fait des modelles d'Anatomie, qui representent fort au juste la machine du corps humain. J'ay vû toute la fortification faite de bois en pieces rapportees et changeables. J'ay vû mille instrumens de menage faits d'argent en petit. J'ay vu une piece qu'on faisoit voir pour de l'argent, où toutes sortes d'ouvriers travailloient avec leur instrumens et attitudes naturelles. Les medailles, les graveures sur des pierres et autres monumens en original ou en copie, eclairciroient l'histoire ancienne et moderne. Et Comme les Elemens de Mathematique sont fort importans sur tout pour la science militaire, qui est du mestier des Princes, c'est là ou des modelles, des machines, et des instrumens, en grand ou en petit, seroient sur tout de grande usage. On a inventé des Cartons de Geometrie qui se peuvent joindre et dejoindre et servent (par une espece d'experience demonstrative) à rendre des raisons palpables, des plus solides et des plus importantes verités. L'on sçait que les spheres et autres instrumens servent dans l'Astronomie <à> faire concevoir le fonds de la chose. Et c'est encor en d'autres arts qu'on se peut faire des machines, qui répondent à nos questions, et rendent raison en même temps de leur reponse. Rien n'est plus important que d'apprendre les choses par raison, c'est le moyen de ne les point oublier. Et lors que ces raisons sont palpables et sensibles, la satisfaction est redoublée.

Jusqu'icy la raison s'est servie de l'escorte de l'imagination. Mais peu à peu il la faut faire aller au delà aux choses que l'esprit seul peut connoistre. L'arithmetique y donne les premieres ouvertures, et un enfant y peut commencer. Car les nombres en eux mesmes sont quelque chose d'immateriel. La veritable Logique degagée des barbarismes et des épines, a beaucoup de conformité avec l'arithmetique ; et le jeune Prince y entrera avec l'aage de discretion ou la raison joue plus librement son jeu. Il faut exercer la raison premierement dans la Geometrie, et dans les Sciences voisines, ou elle se regle avec les images et prend une assiette ferme, et une habitude de justesse. Mais comme la plus part des rencontres de la vie demandent [Bl. 33v] qu'on se resolve sur des simples vraysemblances, sans attendre des demonstrations palpables ; et que le grand art du raisonnement est de sçavoir peser les raisons dans une manière de balance, pour donner la preferance au costé qui l'emporte ; il faut mener le Prince à exercer l'art de raisonner dans la morale, <cependant la morale> dans la politique, et dans le droit ; et luy former des cas premierement faciles, puis en peu plus embarassés, qu'il s'agit de developper pour donner dans le but. Il y prendra plaisir sans doute et on l'accoustumera même à inventer des expediens tant pour decouvrir la verité, que pour executer des fins qu'on se figure et qu'on luy propose. L'Histoire formera des cas et des exemples curieux ; et le jeune Prince sera du conseil des anciens Empereurs et Rois pour mieux presider un jour dans le sien. C'est donc icy le temps de luy apprendre peu à peu (à mesure qu'il avance) le plus choisi des loix, des canons, du droict public de son estat ; les ordonnances plus importantes, les interests et alliances des autres Princes et estats, leurs pretensions et maximes ; avec le ceremoniel. Le tout éclairci par les memoires de l'Histoire moderne. On y joindra même la connoissance des religions, qui a tant d'influence dans la Politique : avec un petit systeme de theologie appuyé par tout sur des raisons solides aussi bien que sur l'écriture Saincte et sur l'Histoire Ecclesiastique, car toutes ces choses demandent un raisonnement degagé de l'imagination. La religion bien fondee donne le repos de la conscience et une grande tranquillite d'esprit ; <l'imagination> mais la croyance sans fondement n'est gueres durable et degenere en libertinage ou en hypocrisie.

Je ne veux point qu'on s'amuse aux humanités, à la Rhetorique, et à la philosophie suivant la façon ordinaire des colleges. Car on a dejá pourveu à l'Histoire et aux langues ; la Rhetorique doit estre toute de practique, qu'on aidera par des preceptes adroitement mêlés. Le jeune Prince parlera souvent, premierement dans les petites Comedies, et puis dans les Conseils imaginaires, ou l'on resoudra des cas importans de droict et de faict, tires de l'Histoire. Mais sur tout il couchera ses raisons par écrit, c'est là ou le jugement paroist d'avantage, et il écrira souvent des lettres veritables de compliment, et des lettres feintes sur des choses serieuses. Et quant à la Philosophie, on a déja pourveu à ce, qu'il y a de reel. La philosophie morale est ent[r]ée dans la politique et dans le droict, dont nous venons de parler ; et les premiers Elemens de la morale et de la politique avoient déja esté donnés parmy les autres representations, par le moyen des tableaux, Historiettes, fables, beaux mots et emblemes. On a aussi déja jetté les fondemens de la veritable Physique par le theatre de la nature, et de l'art, ou on a exposé au jeune Prince les choses et leur representations. Mais le bastiment entier de la Physique plus sublime elevé sur ces fondemens consiste dans la practiq[ue] des secrets des arts, propres à l'oeconomie, à la guerre, et à la medicine, ce qui ne s'epuisera jamais, et pourra servir au Prince dans les heures, de recréation, durant toute Sa vie [Bl. 34r] parmy d'autres divertissemens honnestes et utiles. C'est là la veritable Physique, bien au delà de la portée de Colleges ordinaires. Le reste de la Philosophie speculative, separé des Mathematiques, se peut fort bien comprendre sous l'exercice de la bonne Logique, sans en faire des leçons à part. C'est assez qu'on insinue adroitement des <leçons> maximes solides, et des axiomes feconds, par le moyen des exemples choisis, que les doctrines practiques offrent à tous momens. C'est en cela, que je compare la Philosophie avec la Grammaire, il y faut peu de regles et beaucoup d'exemples ; et ces regles mêmes doivent estre apprises par les exemples, et comme sans y penser.

Pendant toutes ces choses je suppose, qu'on n'aura rien negligé qui soit propre à rendre le jeune Prince adroit aux exercices à mesure de ses /forces ; et qu'on aura eu soin sur tout de former son esprit, et/ les moeurs à la douceur et à l'agrément. Le principal est de ne le faire practiquer que des personnes dont il pourra profiter[.] Je trouve qu'il seroit presq[ue] necessaire de ne le laisser gueres seul avec une seule personne. S'il y en a tousjours plusieurs auprès de luy, qui ne soyent pas d'humeur à s'entendre à luy inspirer des mauvais sentimens, on sera plus asseuré contre des insinuations adroites et dangereuses de quelque flatteur, qui le pourra corrompre. Je ne voy pas, qu'il y ait grande raison de le faire voyager, pendant qu'il est fort jeune. Au lieu des voyages, il fera des campagnes, Si on trouve à propos de l'y exposer. Et si la campagne est dangereuse pour la santé de son corps, je crois, que les voyages ne le sont pas moins, et même d'avantage à l'egard de son esprit. Mais il voyagera un jour, si bon luy semble, quand il sera homme faict, et aura pris le veritable ply de prudence et de vertu. À quoy bon des voyages pour un jeune Prince ? qui trouve incomparablement mieux chez luy tout ce qu'il luy importe pour achever son education. C'est une des folies de nostre nation de vouloir chercher la sagesse au delà du Rhin et des Alpes, et d'acheter pour une bonne partie de nostre bien, et aux depens de la santé, des Chimeres, qui ne servent qu'à nous tourner l'esprit aux bagatelles, et qui achevent de nous ruiner. Jamais les Allemands ont plus voyagé, et jamais L'Allemagne a esté plus prés de sa perte. D'apprendre les secrets utiles des estrangers, et leurs bonnes maximes, cela ne sera gueres le soin d'un jeune homme. J'approuve fort les principes des Italiens, qui gardent leur jeunesse chez eux, et j'applaudis encor /d'avantage/ à l'usage de la France, ou les jeunes gens au sortir des Colleges et des Academies <voy> vont aux garnisons, ou font la Campagne ; c'est ainsi qu'ils commencent de bonne heure d'apprendre à servir leur patrie. Et tout cela se doit entendre du Prince par plus forte raison ; personne n'estant plus interessé que luy à la conservation de l'Estat, qui fait sa grandeur. En tout cas je prefererois un vieux Duc Erneste de Gothe,[207] qui avoit esté Soldat dès sa jeunesse, puis appliqué à l'oeconomie, et à la police de Son estat, qu[']il avoit trouvé ruiné par les guerres et faict fleurir par son industrie, qui estoit tousjours, appliqué aux choses utiles, [Bl. 34v] et qui avoit sur tout en recommendation la pieté et la justice. Je prefererois dis je un tel Prince au plus habile Prince du monde, qui sçauroit en perfection toutes les sciences et tous les exercices, qui parleroit toutes les langues, qui auroit pris toutes les belles manieres des estrangers, qui brilleroit dans la conversation, mais qui negligeant le soin des affaires, et le bien de ceux dont Dieu luy a commis la conduite pour ne point interrompre ses plaisirs, boucheroit les oreilles aux cris des miserables, et sans estre emû de l'approbre de sa nation, et du prejudice de sa famille et posterité, laisseroit aller l'estat en decadence ; dont un grand Roy mort dépuis peu,[208] nous a fourni un deplorable exemple.

Je reviens donc à recommander sur tout, qu'on inspire à un jeune Prince des bons sentimens preferablement à toutes les connoissances. S'il a la droiture d'esprit et la volonte de bien faire, il gourvernera mieux, que le plus sçavant et le plus habile homme de la terre qui se laisse aller dans le dereglement. Et pour conclusion je croy qu'il faudroit comme un conseil exprés pour tout ce qui doit concerner un jeune prince. Les directeurs qui composeroient ce conseil regleroient tousjours les choses par avance, à mesure qu'il feroit des progrés et de telle sorte, que toutes les leçons seroient déja toutes faites et les practiques toutes prescrittes sans plus rien laisser au hazard, ils feroient preparer les methodes toutes achevees, les exemples avec les precepts[,] les abregés de l'Histoire et des sciences, les representations des arts, sciences et professions[,] les modelles et autres pieces de Cabinet egalement curieuses et instructives ; et sur tout ils auroient à la main des personnes bien instruites propres à tout executer avec succés. Avec ces soins il ne faut point douter de la benediction de Dieu, qui ne

207 Vgl. Anm. 195.

208 Eingefügte Randnotiz: »Charles II Roy de la G[rande] B[retagne] [(1630–1685)]«.

manque jamais de nous assister, lorsque nous nous prenons<,> comme il faut, pour attirer les graces d'enhaut.

2.4 Gottfried Wilhelm Leibniz: *Cogitata de insigni bonitate et multa sapientia Principi juveni inspiranda* und *Cogitata de perfectionisbus Principii potentia externe* (um 1700)

2.4.1 Überlieferung

Neben den bekannten und in der Akademieausgabe greifbaren Erziehungsinstruktionen von Leibniz haben sich in der polnischen Nationalbibliothek Warschau (Bibliotheka Narodowa) drei doppelseitig beschriftete Entwürfe zu einem Prinzenerziehungsprogramm von sechs Blatt Umfang erhalten, die unter Rep. IV 4879, Bd. 179, Bl. 195–201 verwahrt werden. Sie entstammen dem Nachlass des Leipziger Philosophieprofessors Johann Erhard Kapp (1696–1756) und lagerten ursprünglich in der Öffentlichen Bibliothek Sankt Petersburg. Leibniz' *Cogitata* zur Prinzenerziehung bestehen aus einem skizzenhaften Konzept (Bl. 199–201), einer kürzeren ersten Fassung (Bl. 176 u. 179) sowie einer zweiten ausführlicheren Fassung (Bl. 177 u. 178). Gedruckt wurde die Schrift erst- und letztmalig in der *Zeitschrift für Geschichte der Erziehung und des Unterrichts* 4 (1914), Seite 79–83 von Johann Kvačala unter dem Titel *Neue Leibnizsche Fragmente über die Erziehung eines Prinzen*. Kvačala berücksichtigt in seiner Edition weder die Korrekturen von Leibniz Hand noch das Konzept; auch wurden zahlreiche sprachliche Besonderheiten stillschweigend (und uneinheitlich) emendiert. Vorliegende Edition folgt dem Vorschlag Kvačala, die Blätter $176^{r/v}$ und 179^{r} aufgrund inhaltlicher Indizien unter dem Titel *Cogitata de insigni bonitate et multa sapientia Principi juveni inspiranda* als zusammengehörig aufzufassen; unter dem Titel *Cogitata de perfectionisbus Principii potentia externe* sind die Blätter 177 und 178 versammelt.

Im Falle der *Cogitata* ist die Datierung problematischer als im Falle der *Lettre*. Der explizierte Verweis auf die Gefährdung des reformierten Glaubens verortet den Text entweder in einem antikatholischen Umfeld (und würde dann auf den Übertritt Augusts von Sachsen zum Katholizismus 1697 anspielen) oder im Umfeld innerprotestantischer Querelen (Leipziger Unruhen, 1689/1690). Möglicherweise ist aber auch die Revokation des Edikts von Nantes (1685) durch Ludwig XIV. und die daraufhin einsetzende Vertreibung der Hugenotten aus Frankreich gemeint.

2.4.2 Edition

[Bl. 176^{r}]

G[ottfried]. G[uillem]. Leibnitii Cogitata de /insigni/ bonitate et /multa/ sapientia Principi juveni inspirianda

Comme Monseigneur le Prince Royale est d'un naturel excellent, il y a de l'apparence, que ce sera un grand Prince. Des personnes choisies qui l'environnent prennent soin de cultiver ce beau naturel. Cependant puisque on m'a fait l'honneur de me parler sur ce sujet, je prends la liberté d'en dire quelque chose.

Dans un Prince qui doit estre <l'> une image de Dieu sur terre plus que les autres hommes, il faut excellement deux choses, une grande bonté et beaucoup de sagesse. Et plus meme la bonté que la sagesse, car on peut emprunter les lumieres d'autruy, mais il faut que la bonté coule de source. Ainsi il seroit à souhaiter pour la felicité publique qu'on prit toutes les mesures imaginables pour inspirer de la bonté à un jeune Prince que sa conversation, sa lecture, ses objets, tout fut concerté pour y buter. Voicy en peu de mots des marques et des effets de la bonté. Il est [Bl. 176^{v}] de la bonté qu'on <vient> /tache/ d'obliger le plus qu'il est possible et <qu'on tache> de faire le moins de mal qu'on peut, et jamais du mal, que pour un plus grand bien, et meme s'il est possible, pour le bien de ceux, à qui on est forcé de faire mal. Et qu'en tachent de faire du bien autant qu'il est possible, ce soit d'une maniere qui rende ceux à qui on le fait, ou meilleurs ou plus utiles. Ainsi on est iuste et charitable, on se met à la place d'autruy. Et bien loin d'aimer les spectacles cruels ou de prendre plaisir aux maux, on voudroit comme Tites[209] que personne ne partit mecontent de nous, et que meme loin de nous, il n'y eut points de miserable à nostre portée. On n'aime pas les medisans ny <les medisances>, on n'adjoute point de foy à ce qu'on avance contre les gens qu'apres des bonnes preuves, on leur donne occasion de se justifier, on est toujours plus prest à excuser et regarder les choses et les personnes du bon costé. Et quoyque dans la distribution des graces, et dans les emplois de confiance, on prefere en cas d'egalité ceux qui sont le plus exemts de soubçon : neantmoins quand il est question, si on ne feroit point de tort à quel<qu>cun, il ne faut point presumer le mal. En un mot on craint le mal dans autruy, lorsque cela pourroit faire tort à nous, et on ne presume point de mal dans autruy, lorsque cela pourroit faire tort à lui. [Bl. 179^{r}]

Cette bonté accompagnée de discernement ou de sagesse, ne rendra point miserable et fera aimer, [c]elle fera craindre sans faire hair. Mais un des fondemens de la sagesse est d'eviter la precipitation et les jugemens temeraires ; en general il ne faut <t> point croire aisement et sans preuve, mais sur tout il ne faut point estre facile à croire du mal. Et si par hazard on est prevenu par quelque jugement precipité, il faut estre promt à le quitter : ainsi il faut fair l'entestement, mais particulierement celuy qui va au desavantage d'autruy. C'est ce qu'on ne sauroit assez faire observer à un jeune Prince et à ceux qui l'environnent. Et on ne sauroit croire combien ils nuissent a bien des honnestes gens au Prince meme et a l'Estat s'ils negligent cette maxime.

---

[209] Fuchs übernimmt in seiner Rede zur Ernennung Dohnas das Gleichnis von Titus als Beispiel des gerechten Herrschers, was aber auch dem Bildungswissen der Zeit geschuldet sein kann, vgl. Fuchs, Discours, 89.

[Bl. 177r]

G[ottfried]. G[uillem]. Leibnitii Cogitata de perfectionisbus Principii potentia externe, sapientia in intellectu et bonitate in voluntate interna /nec non de perfectione corporis/

Comme Monseigneur le Prince Royale est d'un naturel excellent, il y a lieu d'esperer que ce sera un grand Prince. Des personnes choisies qui l'environnent, prennent soin depuis long tems de cultiver ce beau naturel. Cependant puisqu'on m<e>'a fait l'honneur de me parler sur ce sujet, je prends la liberté d<e>'en dire quelque chose icy.

Un Prince doit être plus que les autres l'image de Dieu /sur terre/. Il en est établi comme Lie/u/tenant qui soit en état d'exercer dignement la fonction de cette divine charge. Il faut le plus propre /qu'il est possible/ à ce qui est le but de son établissement, /c'est à dire/ à contribuer au bien du genre humain. Pour cet effet il doit le pouvoir, savoir et vouloir faire. Ainsi les perfections, dont il a besoin, sont la puissance au dehors ; et la sagesse dans l'entendement ; avec la bonté dans la volonté au dedans.

La puissance d'un Prince est de deux espèces, la puissance artificielle ou morale qui depend de la volonté d'autruy en ce qu'on veut bien luy obeir ; et la puissance naturelle qui le fait payer de sa personne et qui le rendroit considerable, s'il n'étoit que particulier. La puissance morale n'est autre chose que la grandeur de l'Estat, c'est l'affaire du Roy de la maintenir et de l'augmenter même par des voyes justes et loüables, mais c'est l'affaire du jeune prince de bien cultiver ses facultés naturelles. Car un Prince qui n'a point luy [Bl. 177v] même des belles qualités ne gouvernera gueres bien l'estat [?] sur tout dans des temps bien difficiles, à moins qu'il n'ait le bonheur extraordinaire de trouver des Ministres à souhait. Et jamais temps a éste plus difficile, que celui ou nous sommes. L'elevation de la Maison de Bourbon mettant la liberté publique dans un danger plus grand que celui ou elle a jamais esté depuis la famille de Charle Magne. Et la religion repurgée ni ayant jamais en plus menacée depuis le tems de Charles Quint. Ainsi on a plus que jamais besoin de grands Princes pour combattre contre l'oppression, et contre la superstition.

Il est donc sur que la puissance naturelle donne un relief merveilleux à la Puissance morale. C'est encor parcequ'un prince qui a des grandes et bonnes qualites est l'objet de l'amour et de la veneration des peuples, et même de la consideration des <peuples> voisins. Il est incomparablement mieux obei qu'un autre, tout prospere entre ses mains, il semble que rien que l'entreprend ne peut manquer. Les peuples payent leur imposts avec joye, prevenus qu'on les employera bien, et les Soldats combattent avec courage et Zele persuadés de la /justice de/ cause et même de l'assistence de Dieu : outre que tous ceux qui font bien dans le civil et dans le militaire sont seur de travailler pour leur propre bien, connoissant la generosité du Maistre. [Bl. 178r]

Mais comme la plus grande partie des qualites louables d'un Prince qui <encourage> encourage meme par son exemple, consiste dans la sagesse et dans la bonté, dont il sera parlé cy apres : je ne toucheray ici que ce que en est different, c'est à dire ce qu'on peut manquer d'avoir quand on auroit toute la sagesse, et toute la bonté qu'il faut. Cela se reduit à deux clefs [:] le brillant de l'esprit et la perfection du corps. Celuy qui /les/ possede, plaist par tout et exerce une espece de domination naturelle parmy les hommes. La nature en donne le fondement, et l'art y met la derniere main. La nature n'en a pas esté avare envers le Prince Royal, et c'est à la culture d'en faire meurir les fruits.

La perfection du corps consiste dans la santé, dans la force, dans l'adresse et dans l'agrement. Quoyque la constitution du Prince paroisse vigoureuse, il ne faut point negliger le soin de sa santé. Ce soin ne consiste dans la scrupolosité et encor moins dans les remedes : au contraire le moyen d'affermir la santé d'un jeune homme, c'est de l'endurcir en l'accoutumant peu à peu aux fatigues et aux incommodites et de l<e>a preparer contre les accidens. Le grand artifice est de le maintenir comme en balance par des petits ex[amp]l[e]s variés et contraires les uns<e> aux autres ; à l'egard de l'air, de la nourriture et des exercices, quelque fois decouvert, quelque tems sedentaire puis en mouvement, qui soit même un peu violent : quelquefois reglé une autrefois confusion aparente ; et tout d'un coup de l'un à l'autre. Cependant il faut bien connoistre le temperament, pour ne pas trop exceder, et même [Bl. 178^{v}] pour pencher un peu d'avantage d'un certain costé.

Ce qui sert à la santé, sert encor à force. Mais la force naturelle s'augmente par les exercises qui en ont besoin. Les anciens se servoint de la course et de la luitte, ils nayeioent et sautoient, ils combattoient des animaux feroces, ils domtoient aussi et maistrisoient des chevaux fougeux, ils gouvernoient des chariots. Aujourdhui outre qu'on monte à cheval, et qu'on fait les armes on se sert de la chasse, qui est un exercice guerrier ; mais qui à mon avis demande un peu de moderation, sur tout à l'egard d'un jeune prince. Car elle peut contribuer à rendre farouche /et sanguinaire/ et l'on sait, que ceux qui font souffrir les animaux comme les chasseurs et les bouchers ont moins de disposition à avoir pitié des maux des hommes : principalement lorsqu'on tourmente une beste comme de sang froid, et hors de la chaleur du combat ; et quand ce sont des animaux sans resistance. J'avoue que tout cela ne sauroit faire grande impression quand on est d'un bon naturel. Cependant je crois aussi que ces considerations ne sont pas tout a fait à negliger.

Les exercices de chevalerie qui comprenent ceux des armes et des chevaux, donnent en même temps de la force et de l'adresse, et par consequent la danse qui ne sert à l'adresse et à l'agrément est moins considerable. Cependant on ne doit point la negliger entierement. Car ce qu'on appelle le beau monde contribue quelque chose à l'estime et à la perfection d'un Prince sur tout entre ses pareils : Et tout ce qui apartient à l'agrement du corps est de ce genre. Aborder, marcher, et se tenir de bonne grace, ne point negliger sa taille, et les avantages de la beauté ou des agrémens naturels ; et de moins ne rien faire qui puisse estre repris comme un defaut /ce sont des choses de consequence/, surtout aupres du beaux sexe.

Entre autres parcequ'un Prince destiné à la regence doit estre mari un jour ; et il importe beaucoup qu'il soit un mari aimé. Une partie du bonheur de sa vie y consiste, et l'effet s'en repand encor dans le gouvernement.

2.5 Friedrich III. von Brandenburg: Erziehungsinstruktionen für Friedrich Wilhelm v. Brandenburg (1695)

2.5.1 Überlieferung

Die Erziehungsinstruktionen für Alexander v. Dohna durch Paul v. Fuchs von 1695 finden sich erst- und letztmals abgedruckt bei Friedrich Christoph Förster: Friedrich Wilhelm I. König von Preußen. Bd. 1. Potsdam 1834, Seite 77–87. Försters Edition ist nicht diplomatisch, daher erfolgt hier eine neuerliche Transkription auf der Grundlage des doppelseitig beschriebenen Manuskripts zu 15 Blatt im GStA PK, I. Hausarchiv, Geheimer Rat, Rep. 36 Hof- und Güterverwaltung, Nr. 241, Bl. 3–18. Die Originalhandschrift weist Korrekturen von der Hand Friedrich Wilhelms I. auf, die hier nicht widergegeben werden (vgl. dazu 2.6.1.); eine endgültige Reinschrift ist nicht überliefert, vgl. aber die Überlieferungssituation der Erziehungsinstruktionen für Kronprinz Friedrich durch Friedrich Wilhelm I. (2.6.1.).

2.5.2 Edition

[Bl. 3r]

Instruction und Bestallung,

welche Wir Friderich der Dritte von Gottes Gnaden, Marggraff zu Brandenburg, Churfürst p. p. Tot. Tit.

Unseres Eintzigen Sohnes und Chur=Printzen, Herren Friderich Wilhelms, Marggraffen zu Brandenburg, in Preußen, zu Magdeburg, Jülich, Cleve, Berge, Stettin, Pommern, Hertzogen zu &c. verordneten Oberhoffmeister, Unserm Würcklich Geheimen Rath undt GeneralLieutenant, Alexandern, Burggraffen und Graffen zu Dohna, Gouverneurn der Veste Pillau &c.

ertheilet.

Demnach es dem Höchsten Gott gefallen, Uns biß jetzo nur einen Eintzigen Sohn und Erben so vieler und großen Lande, womit desßelben Güte Uns geseegnet hat, zu laßen, und Uns wohl bekandt, wie hoch darahn gelegen, daß derjenige, von deßen Regierung das Wohl oder das Wehe so vieler Lande dependiret, bald von seiner zarten Kindtheit an, zum guthen, und zu allen Einem Großen Fürsten anständigen [Bl. 3v] Tugenden, vermittelst einer sorgfältigen erziehung, als mit welcher das Heÿl undt die Wohlfahrt so vieler Millionen Menschen verknüpfet ist, angeführet werde; so haben Wir schon vorlängst Unsere fürnehmste sorge dahin gehen laßen, wie Wir vor diesen Unseren geliebten und Eintzigen Sohn

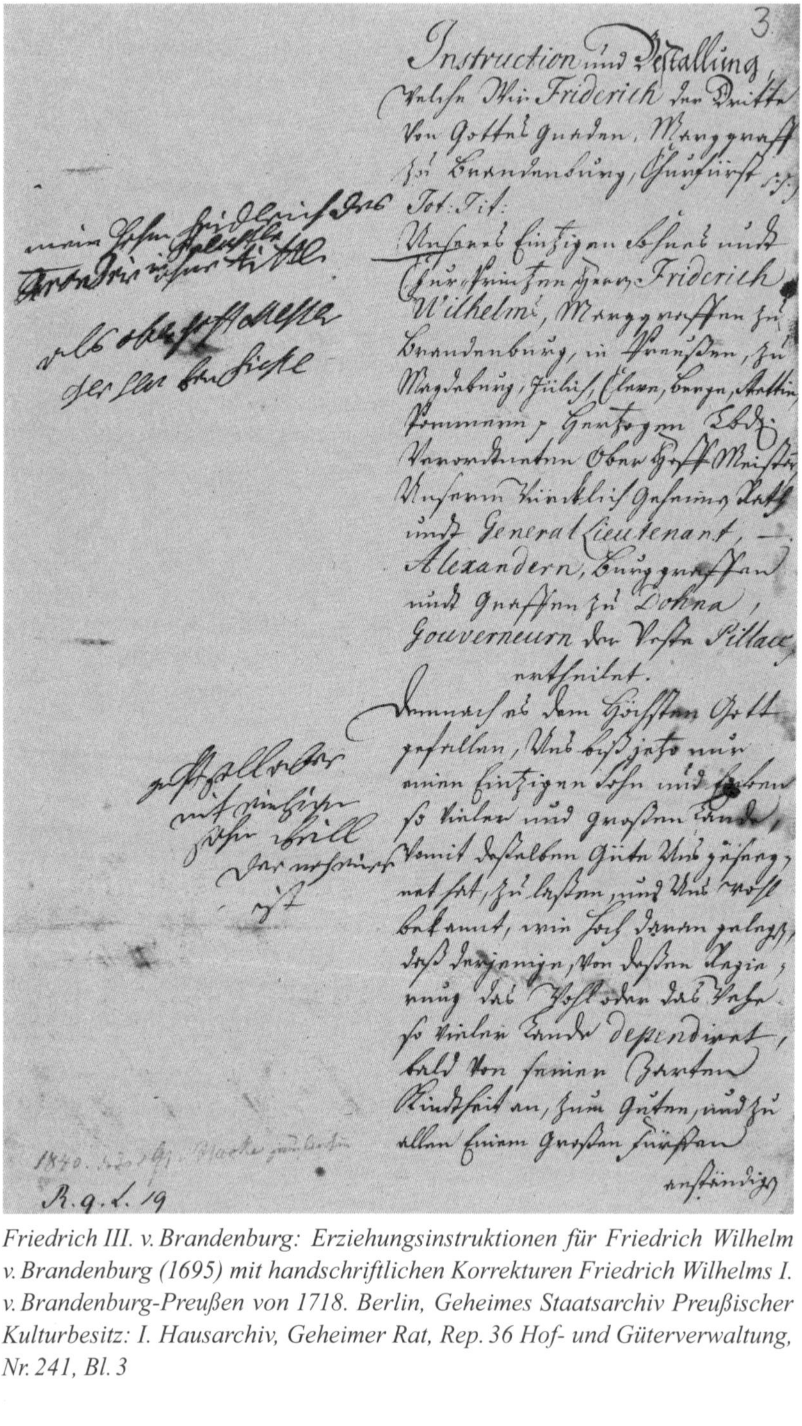

Instruction und Bestallung, welche Wir Friderich der Dritte von Gottes gnaden, Marggraff zu Brandenburg, Churfürst etc. Tot. Tit. Unsers Eintzigen Sohns und Chur-Printzens Herrn Friderich Wilhelms, Marggraffen zu Brandenburg, in Preussen, zu Magdeburg, Jülich, Cleve, Berge, Stettin, Pommern etc. Hertzogen etc. Verordneten Ober Hoff Meister, Unserm Würcklichen Geheimen Rath und General Lieutenant, Alexandern, Burggraffen und Graffen zu Dohna, Gouverneurn der Vestung Pillau, ertheilet.

Demnach es dem Höchsten Gott gefallen, Uns bis jetzo nur einen eintzigen Sohn und Erben so vieler und grossen Lande, damit derselben Güte Uns zugesegnet hat, zu lassen, und Uns wohl bekannt, wie hoch daran gelegen, dass derjenige, von dessen Regierung das Wohl oder das Wehe so vieler Lande dependiret, bald von seiner zarten Kindheit an, zum Guten, und zu allen einem grossen Fürsten anständigen

Friedrich III. v. Brandenburg: Erziehungsinstruktionen für Friedrich Wilhelm v. Brandenburg (1695) mit handschriftlichen Korrekturen Friedrich Wilhelms I. v. Brandenburg-Preußen von 1718. Berlin, Geheimes Staatsarchiv Preußischer Kulturbesitz: I. Hausarchiv, Geheimer Rat, Rep. 36 Hof- und Güterverwaltung, Nr. 241, Bl. 3

einen solchen Gouverneur finden möchten, von deßen Capacitæt Wir ein so großes guth, nehmlich eine anständige und glückliche Erziehung erwarten, und deme Wir dannenhero ein so theueres Pfandt, und die Hoffnung so vieler herrlichen Lande anvertrauen und untergeben könnten.

Unter allen, so Uns nach einer sorgsamen Überdenckung beÿgefallen, haben Wir, sondern zweifel durch des Höchsten Vorsehung, Unsere Augen und Wahl auff Unseren bestalten Würcklich Geheimten Rath und General Lieutenant, Alexandern, Burggraffen undt Graffen zu Dohna, geworffen, alß welcher nicht allein aus einer Illustren Familie, so Unserm ChurHause viele ersprießliche Dienste geleistet, entsprossen, sondern [Bl. 4r] auch vor seine Persohn, mit ungemeinen qualitæten, einer sonderbahren prudence und moderation, eine Untadelichen conduite, welche Er auch in der sonst schlüpffrigen jugend spühren laßen, und mit vielen in Friedens= und Krieges=Händeln nöthigen Wißenschafften begabet, und Welcher über dem Uns seine Treue, Devotion und Ergebenheit in allen denen wichtigen Krieges= und Friedens=Angelegenheiten, so Wir Ihme anvertrauet, sattsamlich, und zu Unserer sonderbahren Vergnügung spühren laßen.

Alß Wir demnach gedachten Unserem Würcklich Geheimten Rathe dieses Hochwichtige Employ antragen laßen, hatt zwar derselbe solches anfangs aus modestie zu depreciren gesuchet, wie Er aber Unsere ernstliche Willens=Meÿnung vernommen, hat Er nicht allein sich derselben Gehorsamlich untergeben, sondern auch die sonderbahre Chur=Fürstliche Confidentz so Wir Ihm hierunter bezeugeten, vor die größeste Gnade, so Ihm [Bl. 4v] wiederfahren möchte, erkannt und angenommen.

Dahero Wir dann, umb der sache keinen längeren Anstandt zu geben, bevorab da Unseres vielgeliebten Sohnes L[ie]bd[en]. bereits das siebende jahr erreichet haben, hiemit undt Krafft dieses beÿ jetztgedachten Unseres vielgeliebten Eintzigen Sohnes und ChurPrintzen Friderich Wilhelms L[ie]bd[en]. Ihn Unserm Würcklich Geheimten Rath und General Lieutenant, Alexandern, Burggraffen undt Graffen zu Dohna, zum Gouverneur und OberHoffMeister bestellen, undt demselben die OberAuffsicht auff des ChurPrintzen L[ie]bd[en]. Persohn, gnädigst auftragen und anvertrauen wollen, In der gefaßten sicheren Zuversicht, Er werde selbige dergestalt führen, und sich also dabeÿ betragen, wie Er es in seinem Gewißen gegen Uns, gegen Unsererer Hertzgeliebten Gemahlin L[ie]bd[en], gegen den ChurPrintzen, gegen Unser gantzes Churfürstliches Haus, gegen so viele Lande, und die wehrte Posteritæt, [Bl. 5r] fürnehmlich aber dermaleinst an jenem Großen Tage gegen Gott den Gerechten Richter, zu verantworten sich getrauet.

Damit aber auch hiebeÿ Unseres Sohnes L[ie]bd[en]. Ihrer schuldigkeit erinnert werden, so wollen Wir Selber Sie denselben vorstellen, und Ihn dahin anweisen und ermahnen laßen, daß Sie demselben in allem, so Er seiner Instruction gemäß anordtnen wird, willig folgen, undt Sich in keinem Dinge widerspenstig erzeigen sollen,

Wie Wir Ihm dann auch gebührenden schutz zu halten, und Ihn beÿ nöthiger authoritæt zu mainteniren nicht ermangeln werden.

Was nun die Art der Erziehung an sich selber betrifft, so ist zwar Unmöglich, selbige wegen Ihrer etenduë, in gewiße sätze undt Reguln zu faßen, indeme sich dieselbe über des Chur=Printzen gantze Persohn undt alle sein Thun und Wesen erstrecket, daher Wir dieselbe fürnehmlich des OberHoffMeistern Uns bekannten prudence [Bl. 5ᵛ] und dexteritæt überlaßen, undt anheimstellen

Jedennoch haben Wir gut gefunden, einige Grund=Reguln, wornach das übrige kann gefaßet undt eingerichtet werden, zu berühren undt vorzuschreiben.

Vor allen Dingen wirdt dahin zu sehen seÿn, daß das Gemüthe, woraus alle Menschliche Handtlungen herfließen, dergestalt formiret werde, daß es von der Ersten Jugendt an eine Lust und Hochachtunge zur Tugendt, hergegen einen Abscheu und Eckel vor die Laster bekomme.

Hierzu kann nichts mehr helffen, alß daß die Wahre Gottes=Furcht beÿ Zeiten in das Junge Hertz dergestalth eingepräget werde, daß sie Wurtzel faße, und im gantzen Leben, auch zu der Zeit, wann keine Direction oder Auffsicht mehr statt hat, ihre Früchte hervorbringe.

Insonderheit mus der ChurPrintz von der Maÿestät undt Allmacht Gottes wohl und dergestalth informiret werden, daß Ihm allezeith eine Heÿlige furcht undt [Bl. 6ʳ] Veneration vor Gott undt dessen Gebotten beÿwohne:

Dann dieses ist das eintzige Mittel die von Menschlichen Gesetzen undt Straffen befreÿete Souveraine Macht in den Schrancken der Gebühr zu erhalten.

Undt gleichwie andere Menschen durch Belohnungen undt Straffen der höchsten Obrigkeit, vom Bösen ab= undt zum Guthen angeführet werden; also mus solches alleine die Furcht Gottes beÿ Großen Fürsten, welche kein Menschliches Gerichte, Straffe oder Belohnung erkennen, außwürcken. Und geschiehet solches, wann Sie von der Maÿestät und Gerechtigkeit Gottes wohl persuadiret seÿn, und daß, ob Sie gleich über alle Menschen, dennoch Gott über Sie, undt Sie vor demselben nur Staub undt Asche seÿndt, vor welchem Sie auch dermaleinst von Ihrer Regierung, ja auch von jedem Unnützen Wort eben so wohl werden Rechenschafft geben müßen, als der geringste Ihrer Unterthanen.

Und damit der ChurPrintz solches [Bl. 6ᵛ] desto leichter und beßer faßen möge, kann Man Ihme die exempel derjenigen Könige und Fürsten, welche Gott wegen Ihrer Frömmigkeit und Gottes Furcht mit einer glücklichen Regierung gesegnet und groß gemachet, Wie auch im gegentheil die Exempel deren, welche durch Absetzungen von Gott undt eine lasterhaffte Conduite, Sich und Ihre Lande in alles Unglück gestürtzet, Unnachläßig verhalthen; Gestalt solcher exempel so wohl die Heÿlige Schrifft, als auch die Weltliche Geschicht=Bücher voll seÿndt.

Was sonst zum Unterricht im Christenthumb, und zur Übunge der Gottseeligkeit erfordert wird, solches wird der OberHoffMeister ebenmäßig zu besorgen, und darob zu halten wißen.

Als daß (1) der ChurPrintz, nebst allen seinen Bedienten, Morgens undt Abends das Gebet auff den Knien verrichte, (2) Nach geendigtem Gebet ein Capitul aus der Bibel lese, undt das nicht obenhin, sondern daß allemahl nach der Verlesung der fürnehmste Innhalt [Bl. 7ʳ] kürtzlich wiederholet, und daferne einige schöne Sprüche, welche sich auff des Printzen Zustand schicken, darinn zu finden, selbige extrahiret werden, damit sie der ChurPrintz wiederholen, und außwendig lernen könne: wie dann solches auch mit den nützlichsten Psalmen, und kurtzen geistreichen Gebetern gehalten werden kann.

3.) Daß ferner der Chur=Printz in den Glaubens=Articuln, prinicpiis und Haubtstücken der Christlichen wahren Reformirten Religion wohl informiret werde, so durch eine fleißige Catechisation, worzue Wir einen Unserer HoffPrediger benennen wollen, geschehen muß. 4.) daß Er fleißig zur Kirche und in die Predigten geführet, auch etwas [Bl. 7v] daraus zu behalten, angewiesen werde. 5.) daß Niemand zu dem Chur=Printzen verstattet werde, welcher denselben mit Fluchen, Schweren, garstigen und lasterhafften Gesprächen verleiten könnte: Zu welchem Ende Wir ernstlich verbieten laßen wollen, daß keiner sich solle gelüsten laßen, ohne des OberHoffMeistern Wißen und Willen sich zu dem Chur=Printzen zu nahen, weniger einige familiarität gegen denselben zu gebrauchen. Wie dann auch 7.) [Fehlzählung für 6.)] der OberHoffMeister, wann etwa der ChurPrintz schweren oder fluchen, oder sonsten etwas ärgerliches sprechen solte, Ihn davon ernstlich abzumahnen, und, wann solches nicht verfangen will, es an Uns zu bringen hatt;

Man hatt ihn auch 8.) [Fehlzählung für 7.)] von den Operen, Comedien [Bl. 8r] und anderen Weltlichen Eitelkeiten abzuhalten, und Ihm, so viele möglich, einen degoût davor zu machen; Und weil die veneration und der Gehorsam, so Kinder ihren Eltern schuldig sind, auch zur pietät gehören, so hatt der OberHoffMeister dem ChurPrintzen in Zeiten beÿzubringen, was Er Uns vor respect und submission in allen Dingen und insonderheit beÿ demjenigen, was Wir verordnen und befehlen, schuldig seÿn, und wie eiffrig Er sich bemühen müsse, Uns in allen seinem Thun zu gefallen und hergegen alles zu meiden, so Uns mißfallen könte. Wie Er dann auch gleichmäßige deference und submission Seiner Frau Mutter, Unserer hertzgeliebten Gemahlinn L[ie]bd[en]. zu erweisen hatt.

Nechst der GottesFurcht [Bl. 8v] ist nichtes, das ein Fürstliches Gemühte mehr zum Guten antreiben, und vom Bösen abhalten kann, als die wahre gloire, und Begierde zue Ruhmb und Ehre: Nicht, dass dadurch ein auffgeblasener Stoltz und Hochmuht, welcher sich in den Fürstlichen Pallästen ohnedem gar zu leichte einschleichet, und durch die Höfflinge und flatteurs vermehret wird, verstanden werde; sondern vielmehr eine rühmliche Begierde durch eine tugendhaffte Conduite[,] Lob und Liebe alhier im Leben, und einen wenigen Nachruhmb nach dem Tode zu erwecken. Daher dann dem ChurPrintzen unnachläßig beÿzubringen, daß nichts schwärer, als die Tugend, welche Ehre, Rhumb und Autorität giebt, und nichtes schädlicher, als die Laster, wovon [Bl. 9r] man nur Schande, schamb und Verachtunge einerndtet, und daß dannenhero fürnehmblich nach eine guthen renommée zu trachten, und ein Printz erst den Ruhmb, daß Er ein honnete homme ist, erwerben müsse, ehe Ihm der andere, daß Er ein Großer und Löblicher Fürst, zu theil werden könne. Hierzue können abermahlen sonderlich dienen die exempel aus denen GeschichtBüchern, welche die Wahrheit der Lehre und Reguln, so man darüber gegeben, gleichsam vor Augen stellen.

Auff eine gleichmäßige Art können dem ChurPrintzen alle übrige Tugenden und Laster vorgestellet werden, nehmb[Bl. 9ᵛ]lich durch Exempel und kurze sententien oder Sprüche, welche nicht einen Eckel oder Verdruß erregen können, wie sonst eine weitlaüfftige Ethica oder SittenLehre thun möchte.

Was die übrige Studia und Wißenschafften, so einem Fürsten wohl anstehen, anbelanget, wird der progress darinnen mit dem Wachsthum der Jahre gesuchet, und dahin gesehen werden müßen, daß das nöhtigste zum ersten, alles aber ohne Eckel und Verdruß erlernet werden möge; Und weil solches fürnehmblich auff die Dexterität des Ephori, welchem Wir Unserem ChurPrintzen zugegeben, ankommen wird: So hatt der OberHoffMeister mit demselben, was nach und [Bl. 10ʳ] nach zu thun, und vorzunehmen, zu concertiren, deßelben ohnmaßgebliches Gutachten zu vernehmen, und darauff, was Er gut finden wird, zu verordnen, auch Uns davon, wann Er es nöhtig achtet, Nachricht zu geben. Die Lateinische Sprache zu erlernen, erfodert nicht allein die güldene Bulle, sondern es ist solches auch dem ChurPrintzen umb so viel nöhtiger, weil Er mit verschiedenen Benachbahrten und anderen Puissancen zu handeln bekommet, welche keine andere Sprache, als die Lateinische gebrauchen, zu geschweigen des Nutzens, welchen Er sonst aus dieser Sprache in Erlernung der Historien und Politischen Anmerckungen ziehen kann.

Weilen aber die Erfahrungen bezeüget, daß [Bl. 10ᵛ] junge Printzen, durch langwierige Treibung der Grammatischen Reguln einen Eckel vor dieser schönen Sprache bekommen, so hatt der OberHoffMeister, seiner prudence nach, es dahin zurichten, daß der ChurPrintz nicht lange mit solchen reguln auffgehalten, und eher nur das nöhtigste, so viel möglich, mit Lust und gleichsahm spielend beÿgebracht werde; dann es ist vor allen Dingen zuverhüten, daß Er nicht zum studiren forciret werde, wenn Er eben auff eine Zeit nicht Lust darzu hatt, sondern man kann alsdenn mit Ihm etwas anderes nützliches vornehmen. So bald aber, als der ChurPrintz einiger Auffmerckung fähig, hatt man mit Ihm einen angenehmen Lateinischen Historicum zu tractiren, damit [Bl. 11ʳ] Er daraus einen doppelten Nutzen, nehmlich die Historien und Sprache zugleich faßen könne: das übrige kann man Ihm durch die Übung beÿbringen, wann nehmlich zu gewißer Zeit, als so lange der Ephorus beÿ Ihm, nicht anders, als Latein geredet werde: Welches dann auch beÿm Spatzieren gehen oder fahren, kann beobachtet werden, insonderheit wenn man aus den besten Autoribus die fürnehmste Sententzien oder Aphorismos kurtz extrahiret, und selbige dem Printzen außwendig lernen läßet: Welche dann beÿ allen Vorfallenheiten sehr wohl zu statten kommen. Das Studium Historicum muß vor allen anderen getrieben werden, denn es zugleich ergötz= und erbaulich ist, indem man daraus alle Veränderungen und Begebenheiten, so sich in der [Bl. 11ᵛ] Welt zugetragen, erlernet, und daraus dasjenige, was nachzufolgen und was zu fliehen, faßen kann. Weil aber auch solches Studium sehr weitlaüfftig, so hatt man vorerst das nöhtigste daraus zu nehmen, dergestalt daß dem Printzen erstlich ein kurtzer Begriff einer Universal=Historie von Anfang der Welt bis zu Unseren Zeithen beÿgebracht werde. Nachgehends kann man absonderlich ein Reich und eine Republique nach der anderen nehmen, und selbige von Anfang bis jetzo perlustiren, mit dem Unterscheidt, daß allezeit mehr Zeit und Fleiß angewandt werde, beÿ denen, welche mit Unseren Landen gräntzen, oder mit denen Wir sonst zu thun haben könten, als beÿ denen entlegenen, Zuletzt aber ist dem ChurPrintzen die Historie seines eigenen Hauses sorgfältig beÿzubringen, und [Bl. 12r] die Exempel deren, so sich durch löbliche Thaten berühmt gemachet, wohl zu imprimiren: dann ein domesticum Exemplum hatt allezeith mehr Krafft, als ein außwärtiges. Nebst dem Chur= und Fürstlichen Hause Brandenburg hatt Er auch die Geschichte derjenigen Häuser, so mit demselben, vor anderen, verknüpffet sind, zu erlernen, als da sind die Häuser Oranien, Braunschweig, Hessen &c., welche Ihm auch viel Löbliche Exempla fourniren werden. Fürnehmlich aber ist beÿ Lesung kluger Historicorum zu beobachten, daß auff die Begebnüßen und derselben Uhrsachen reflexion gemachet und allemahl angezeiget werde, was Wohl oder übel gethan? Das Studium Genealogicum et Geographicum sind mit dem Historico dergestalt vereinbahrt, daß eines mit dem andern erlernet werden muß; Und damit solches mit weniger Mühe und Verdruß geschehen möge, kann man Tabulas Genealogicas und Land=Carten, wie auch die Contrefaiten und Bildnüße derjenigen, so sich berühmt gemachet, in den Ge[Bl. 12v]mächern herumb hängen, auch allezeit einen globum zur Hand haben, damit man dem Printzen so fort, was nöhtig, demonstriren könne. Die Frantzösische Sprache, worinnen der Printz bereits einen guten Anfang gemachet, kann man continuiren, ihme durch die Übung im Reden, und dann mit der Zeith durch Lesung guter Frantzösischer Bücher beÿzubringen.

Das Studium Mathematicum wird auch, so bald des Printzen Alter es zuläßet, zur Hand zu nehmen, und der Anfang mit Zeichnen oder Reißen, wo der Printz Lust dazu bezeüget, zu machen seÿn; Nachgehends, und wann die Auffmerckung zunimbt, kann man Ihm, was nöhtig, von den fortificationen, von formirungen eines Lagers und anderen KriegsWißenschafften nach und nach beÿbringen, damit Er von Jugend auff angeführet werde, einen General zu agiren: Wie dann auch der OberHoffMeister die Verfügung zu thun hatt, daß dem Printzen die Kriegsexercitia [Bl. 13r] spielend bey beÿ denen recreations=stunden beÿgebracht werden.

Nichts ist das einem großen Fürsten beßer anstehet, und nötiger ist, als wohl reden, und das beÿ allen Vorfallenheiten; weshalb der Ober=Hoffmeister dahin zusehen hat, daß der Printz beÿ Zeiten zur Eloquentz durch die Übunge angeführet werde, gestalt dann solches durch kleine Reden, so man Ihm anfangs vorzuschreiben und auswendig lernen, nachgehends aber von Ihm selber elaboriren zu laßen hatt, füglich geschehen kann, es seÿ daß Gratulationes über allerleÿ Sujets zu thun, oder daß auff Gratulationes zu antworten; imgleichen wann eine Armée zu einer vigoureusen Action zu animiren; wie auch in Genere Deliberatorio, wenn im Rahte oder im KriegsRahth etwas zu persuadiren, oder auff verschiedene Meÿnungen ein Schluß zu faßen und dergleichen; [Bl. 13v] damit aber der Printz durch ein Exempel und die emulation in dergleichen dingen desto mehr animiret werde, kan man einen Knaben von gutem Hause, der sich wohl dazu schicket, und gute dona naturalia hat, wehlen, welcher wechsels=weise, entweder den Printzen anrede, und der Printz darauf antworte, oder der Printz Ihn anrede und der Knabe darauff antworte, auch sonst in den übrigen Studiis den ChurPrintzen durch die emulation auffmuntern. Und wollen Wir zu gewißen Zeiten den Chur=Printzen examiniren laßen und, so offte möglüch, Selber mit dabeÿ seÿn.

Beÿ allen solchen Übungen muß auch darauf gesehen werden, daß der Printz alles rein und deutlich ausspreche, imgleichen, daß Er anständige Sitten und geberden habe, worauff dann auch in allem Seinem Thun zu sehen, dann hierinnen bestehet [Bl. 14r] fürnemlich das Decorum, welches ein Regierender Herr, mehr als einiger anderer Mensch zubeobachten hatt; dann es ist nichts, daß einem fürsten mehr authorität und Liebe zu wege bringen kann, als wohl anständliche Sitten und geberden, so das Mittel zwischen Majestät und Humanität halten; dann diese leuchten Jedermann ins Auge, und wird insgemein daraus die opinion, so man von Fürsten hat, formiret.

Ferner hat der Ober=HoffMeister auf die Gesundheit des Chur=Printzen sorgfältige acht zu geben, und alles das zuverhüten und abzukehren, was dieselbe einiger maßen alteriren kann, es seÿ in Eßen oder trinken, oder in den gemühts=Bewegungen, oder in den Exercitiis Corporis, wenn dieselbe gar zu violent seÿn;

Sonsten, weil durch mäßige Exercitia Corporis die gesundheit guten theils erhalthen und die Kräffte vermehret werden, [Bl. 14v] hatt der Ober Hoff=Meister auch darauf acht zu haben, daß dieselbe zu rechter Zeith adhibiret werden, und zwar nachdem des Printzen Alter und Leibes=Constitution es zulaßen will, daher dann mit denen, so nicht gar zu violent sind, der anfang zu machen, als mit dem Tantzen; item mit denen Krieges=Exercitiis und dergleichen; das Reiten und fechten kann, bis der Printz etwas robuster wird, ausgesetzet werden; wie denn auch beÿ allen solchen Übungen die enervation zu verhüten, und daß der Printz Sich nicht gar zu sehr angreiffe.

Außer denen Exercitiis Corporis wird nöhtig seÿn, dem Printzen sonst eine honnête recreation zu gönnen und zu geben, alsda seÿnd gewiße anständige Spiele, nicht eben von Carthen oder hazard, als welche sich sonst wohl lernen, sondern andere, womit der Esprit aufgemuntert wird; item Spatzieren fahren, wann das Wetter gut, und dergleichen mehr [Bl. 15r] damit Er vor dem Studiren keinen Eckel bekomme, sondern beÿ der Lust erhalten werde, zu welchem Ende man dann dergleichen recreationes als ein præmium proponiren kann, wann der Printz wohl studiret, und das Seinige gethan haben wird, ordinarie aber kan man zweÿ Nachmittage in der Woche zu dergleichen honnêten recreationen gebrauchen.

Es soll aber der Chur=Printz niemahlen alleine gelaßen werden, außer denen Stunden so er beÿ dem Ephoro zubringet; Und daferne der Ober HoffMeister entweder wegen zugestoßener unpäßlichkeit oder abwesenheit oder anderen Geschäfften, nicht allemahl zu gegen seÿn könte, soll Er die Verfügunge thun, daß des Chur=Printzen erster Cammer=Juncker, der von Dankelmann, als deßen Ihre L[ie]bd[en]. nun schon gewehnet seÿnd, oder wenn auch der verhindert würde, Einer von deßen andern [Bl. 15v] Cammer=Junckern nebst anderen Bedienten beÿ dem Printzen bliebe;

Und weil der Ober Hoff=Meister auch die Auffsicht über alle übrige Bediente und Leute des Chur=Printzen hat, und auff derselben thun und laßen acht= folglich auf gewiße Maaße Rechenschafft davon geben muß, so ist auch billig, daß Er dieselbe ausersehe und wehle; gestalt Wir [ihm] dann hiermit freÿe Macht geben, alle Bedienthen beÿ des Chur=Printzen L[ie]bd[en]. anzunehmen und zu bestellen, in dem gnädigsten Vertrauen, Er werde darunter eine sonderbahre Vorsorge bezeigen; wie Er Uns dann auch diejenige, so Er annehmen will, und welche vor allen Dingen der Evangelisch Reformirten Religion zugethan seÿn müßen, zu benennen, und Unsere gnädigste approbation darüber einzuholen hatt.

Ebenmäßig soll Er die Jurisdiction über alle und Jede Bediente [Bl. 16r] des Chur=Printzen, von dem Ersten bis zum letzten haben, und Ihm freÿ stehen, nach anleitunge der Justitz, diejenige, so sich übel betragen haben, abzuschaffen; oder sonst zu bestrafen, ohne daß Jemand von den andren Hoff=Ämbtern das geringste darin soll zu sagen haben; Nur daß wenn Jemand abzuschaffen oder sonst hart zu bestraffen, Er uns solches anzeigen solle; damit Er auch deshalb keinen Streit mit den übrigen Hoff=Ämtern bekomme, wollen Wir vor des Chur=Printzen L[ie]bd[en]. eine eigene kleine Hoffstat, so von Ihm, dem Ober=Hoff=Meister dependiren soll, formiren, und dazu gewiße Mittel und gefälle assigniren;

An des Chur=Printzen Taffel soll Niemand kommen, als welchen der Ober=Hoff=Meister dazu wird invitiren lassen; wozu Er dann solche Leute zu ersehen hat, davon keine corruption oder scandal zu befahrn, sondern [Bl. 16v] vielemehr die capable seÿnd, nützliche und guthe discurse hervor zu bringen, damit auch die Zeit, so des Chur=Printzen L[ie]bd[en]. an der Taffel zu bringen, nicht /übel/ angewendet werde.

Und ob Wir zwar zu der güte des Höchsten das Vertrauen haben, es werde derselbe des Chur=Printzen Erziehunge dergestalt geseegnen, daß selbige durch gute Ermahnungen und gelinde Mittel werde können beschaffet werden, ohne das noht seÿ, eine scharffe animadversion[210] zu gebrauchen; Jedoch wann es sich zu Zeiten begeben solte daß der güthe und gelindigkeit nicht zu reichen wolten, hat der Ober=Hoff=Meister solches durch Jemanden an Uns bringen laßen, damit Wir dagegen solche Mittel verordnen, welche das Übel zu heben capable seÿ. Gestalten Wir dann demselben nochmahlen hiermit versichern, daß Wir Ihn beÿ getreuer [Bl. 17r] Verwaltung Seines Amts, gegen Manniglichen kräftigst schützen und Ihn beÿ Seiner Authorität zu erhalten geflißen seÿn werden, deßen Er Sich dann auch zu Unserer hertzgeliebten Gemahlin L[ie]bd[en]. in alle Wege zu versehen hatt.

Damit Er aber Gelegenheit habe sich beÿ des Chur=Printzen L[ie]bd[en]. allezeit beliebt zu machen, und in ansehen zu erhalthen; so wollen Wir, wann etwa eine animadversion und Straffe von Uns verordnet worden, keine remission, als auff des Ober=Hoff=Meisters Intercession ertheilen, wie dann auch wenn der Printz ein Verlagen wornach hat, Wir Ihm solches durch des Ober=Hoff=Meisters

210 Tadel.

Vorbitte bewilligen wollen, damit die Gnaden und Begünstigungen, so Er von Uns empfänget, Ihme durch des Ober=HoffMeisters Canal zufließen.

Sonsten hat der OberHoff=Meister dahin zu sehen, daß der [Bl. 17^{v}] Chur=Printz des Morgens im sommer umb 6 Uhr, im Winther aber umb halb 7 Uhr aufstehe, und des abends umb 9 Uhr sich zum schlaffengehen bereite, so daß Er längstens umb 10 Uhr im Bette seÿe, zu welchem Ende, und damit solches wohl beobachtet werde, soll der Ober=Hoff=Meister in des Chur=Printzen Cammer Sein Bette haben und schlaffen.

Vor solche des OberHoff=Meisters schwere und mühesahme Bediengungen, seÿnd Wir billig bedacht demselben Unsere gnädigste Belohnung und Erkäntnüs spühren zu laßen; Und wollen Wir selbige dergestalt einrichten, daß Sie der Wichtigkeit Seiner dienste und dieses employs, vermittelst deßen Wir Ihm das theuerste Pfandt, so Wir auff der Welt haben, anvertrauen und übergeben, proportioniret seÿn solle; gestalten Wir Uns dann deshalb auff die Bestallunge, so Wir absonderlich vor Ihn ausfertigen laßen, hirmit beziehen; Zu [Bl. 18^{r}] Uhrkundt haben Wir &c. Cölln an der Spree den 1. febr: 1695.

2.6 Friedrich Wilhelm I. v. Brandenburg-Preußen: Erziehungsinstruktionen für Friedrich v. Brandenburg-Preußen (1718)

2.6.1 Überlieferung

Die Erziehungsinstruktionen für Kronprinz Friedrich durch Friedrich Wilhelm v. 1718 sind verschiedentlich veröffentlicht worden, erstmals wohl in: Friedrich Cramer: Zur Geschichte Friedrich Wilhelms I. und Friedrichs II. Königs von Preußen. Hamburg 1829, Seite 5–20. Keine der bislang vorgelegten Editionen folgt diplomatischen Editionskriterien. Die doppelseitig beschriebene Handschrift zu zehn Blatt ist verwahrt unter GStA PK, I. Hausarchiv, Geheimer Rat, Rep. 36 Hof- und Güterverwaltung, Nr. 246, Bl. 32–42. Es handelt sich mutmaßlich um Friedrich Wilhelms I. eigenhändige Reinschrift der von Paul v. Fuchs verfertigten Erziehungsinstruktionen, die zahlreichen Ergänzungen und Streichungen von der Hand Friedrich Wilhelms I. aufweist. Die Reinschrift weist Unterstreichungen (von der Hand Friedrich Wilhelms I. oder Friedrichs II.?) auf, die wiedergegeben werden.

2.6.2 Edition

[Bl. 32^{r}]

Instruction und bestallung, welche Ich Friedrich Wilhelm von Gottes Gnaden König in Preußen &c., Meines Sohnes des Cron=Printzen Friedrichs verordneten Ober=Hofmeister, und Sousgouverneur, Meinem General Lieutenant und Gouverneur der Veste Mummel [i. e. Memel] Graf von Finckenstein, und Obristen von Kalckstein ertheilet.

Nachdem es dem höchsten Gott gefallen Mir biß jetzo Meinen Sohn und Erben so vieler lande, womit deßelben güte mir geseegnet hatt, zu laßen, und Mir wohl bekannt, wie hoch daran gelegen, daß derjenige, von deßen Regierung, das wohl oder das wehe, so vieler lande dependirt, bald von seiner zahrten Kindheit an, zum guten, und zu allen, einem großen Fürsten anständigen Tugenden, vermittelst einer sorgfältigen erziehung, alß mit welcher das heÿl und die wolfahrt so vieler Menschen verknüpfet ist, angeführet werde, so habe Ich schon längst meine fürnehmste sorge dahin gehen laßen, wie Ich vor diesen Meinen geliebten Sohn, einen solchen oberhoffMeister und sous=gourverneur finden möchte, von deren capacität, Ich ein so großes guth, nehmlich eine anständige und glückliche [Bl. 32v] erziehung erwarten, und denen Ich dannhero ein so theures pfandt, und die hoffnung so vieler lande anvertrauen und untergeben könte.

Unter allen, so Mir nach einer sorgsamen überdenckung beygefallen, habe Ich, sonder Zweifel durch deß Höchsten vorsehung, Meine augen und wahl, so wohl auf Meinen General Lieutenant Graff von Finckenstein geworffen, alß welcher vor seine Persohn, mit ungemeinen qualitäten, einer sonderbahren prudence und moderation, einer untadelichen conduite, welche er auch in der jugend spüren laßen, und mit vielen in Kriegs operationen nöthigen wißenschafften begabet, auch welche überdem Mir seine treue devotion und Ergebenheit in allen denen wichtigen Kriegs angelegenheiten, so Ich Ihm anvertrauet, sattsamlich, und zu Meiner sonderbahren vergnügung spüren laßen; welches Mir dan so wohl alß auch daß er jederzeit, und selbst von Meiner zarten jugend an, auch noch immer hin, sich an Mich einzig und allein attachiret, zu keinem anderen sich gewendet und Ihm angehangen, sondern Mir zu gefallen sich befließen und angelegen seyn [Bl. 33r] laßen, vornehmlich mit bewogen Ihm Meinen Sohn zu übergeben und anzuvertrauen: wie auch auff Meinen Obristen von Kalckstein, alß deßen gute qualitäten, und allezeit löblich geführte conduite Mir gleichfalls selbst bekand, und auff welchen Ich mit hierinnen mein vertrauen setze, Ihn aber doch auch zu gleich hiermit an Meinen General Lieut[enant]: Gr[afen]. v. Finckenstein, alß Gouverneur verweise, ohne deßen vorbewußt und approbation Er nichts thun, oder mit Meinem Sohne etwas vornehmen soll und muß, und wird er von selbst, alß ein officier sich auch hierinnen der subordination zu bescheiden wißen.

Als Ich demnach gedacht[e]n Meinen General Lieut[enant]. Gr[afen] von Finckenstein, und Obristen von Kalckstein, dieses hochwichtige <Amt> Employ angetragen, haben zwar dieselben solches anfangs zu depreciren gesuchet; wie Sie aber Meine ernstliche wilens meinung vernommen, haben Sie nicht allein derselben sich gehorsamlich untergeben, sondern auch die sonderbahre confidentz, so Ich Ihnen hirunter bezeügete, vor die größte gnade so Ihnen wiederfahren mö[c]hte, erkannt und an[Bl. 33v]genommen.

Dahero Ich dan um der Sache keinen längeren anstandt zu geben, bevorab der Mein geliebter Sohn bereits ins siebente jahr gehet, so habe hiermit und krafft dieses beÿ jetz gedachten Meines vielgeliebten Sohnes des CronPrintzen in Preußen, Friedrich, Meinen General Lieutenant Gr[af] von Finckenstein zum

Ober hoff Meister, den Obristen von Kalckstein aber zum sous=gouverneur, bestellen, und denenselben die ober= und auffsicht auff des Cron=Printzen Persohn gnädigst auftragen und anvertrauen wollen; in der gefasten sicheren Hoffnung und Zu versicht, Sie werden Selbige dergestalt führen, und sich also dabeÿ betragen, wie sie es in Ihrem gewißen gegen Gott, gegen Mich, gegen Meine Frau, gegen Meinen Sohn, gegen den gantzen lande, und die wehrte Posterität, fürnehmlich aber dermahleins an jenem großen tage gegen den gerechten richter zu verantworten sich getrauen.

Damit aber auch hiebeÿ Mein Sohn seiner schuldigkeit erinnert werde, so will Ich Selber Ihn denenselben vorstellen, und Ihn dahin anweisen und ermahnen, daß Er Ihnen in allen, so sie Ihrer instruction gemäß anordnen [Bl. 34^{r}] werden, willig folgen, und Sich in keinem dinge wiederspenstig erzeigen soll.

<Wie Ich ihnen dann auch gebührenden schutz> Wie Ich den so wohl alß Meine Frau den Gen[eral]: Lieut[enant]. Gr[afen]. v[on] Finckenstein und Oberstt von Kalckstein, in allen billigen dingen, wider Meinen Sohn /und mit über denselben/ gebührenden Schutz halten, und Sie beÿ nöhtiger autorität zu mainteniren nicht ermangeln werde.

Was nun die aarth der erziehung an sich selber betrifft, so ist zwar ohnmöglich selbige wegen Ihrer etendue in gewiße sätze und Reguln zu faßen indem Sich dieselbe über Meines Sohnes gantze Persohn, und alle sein Thun und wesen erstrecket, daher Ich dieselbe fürnehmlich, des ober=hofmeistern Mir bekannten prudence und dexterität uber laße und anheim stelle. Jedennoch habe Ich gut gefunden einige grund=Reguln, wornach das übrige kan gefaßet und eingerichtet werden, zu berühren und vorzuschreiben.

Vor allem Dingen wird dahin zu sehen seÿn, daß das gemüthe, woraus alle menschliche handlungen herfließen dergestalt formirt werde, daß es von der ersten jugendt an, eine lust und hochachtung zur tugend, hergegen einen [Bl. 34^{v}] abscheu und Eckel vor die laster bekomme.

Hierzu kan nichts mehr helffen, alß daß die wahre Gottes furcht beÿ Zeiten in das junge Hertz dergestalt eingepräget werde, daß Sie wurtzel faße, und im gantzen leben, auch zu der Zeit, wan keine direction oder auffsicht mehr statt hatt, Ihre früchte hervor bringe.

Insonderheit muß Mein Sohn eine rechte liebe, und furcht vor Gott, alß das fundament und die eintzige Grund=Säule Unserer zeitlichen und ewigen wohlfahrt, recht beÿgebracht, hingegen aber alle schädliche, und zum ewigen verderben abziehlende irrungen und secten, alß Atheis= arian= Socinian= Deisstische, und wie sie sonst nahmen haben mögen, alß ein Gifft, welches so zahrte Gemühterne leicht bethören, beflecken und einnehmen kan, auffs aüßerste gemieden, und in seiner gegenwart nicht davon gesprochen werden, wie den ingleichen Ihm auch vor die catholische religion alß welche mit gutem fug mit unter denenselben gerechnet werden kan, so viel alß immer möglich einen abscheu zu machen, deren ungrund und absurdität vor augen zu legen und wohl zu imprimiren, hingegen aber Ihn zur wahren [Bl. 35^{r}] Christlichen religion, welche vornehmlich auch darinnen bestehet, daß Christus vor alle Menschen gestorben, alß den eintzigen trost in Unserem leben, zu leiten und zu führen, und muß er von der allmacht Gottes wohl und dergestalt informiret werden, daß Ihm allezeit eine heilige furcht und veneration vor Gott beÿwohne, denn dieses ist das eintzige mittel die von menschlichen gesetzen und straffen befreÿete souveraine macht in den Schrancken der gebühr zu erhalten.

Und gleichwie andre menschen durch belohnungen und straffen der höhsten obrigkeit, vom bösen ab= und zum guten angeführt werden, also muß solches allein die Furcht Gottes beÿ großen Fürsten, welche kein menschliches Gerichte, straffe und belohnunge erkennen, aus würken, und geschiehet solches, wan Sie von der Maÿestät und gerechtigkeit Gottes wohl persuadirt seÿn, und daß, ob Sie gleich über alle menschen, dennoch Gott über Sie, und Sie vor demselben nur staub und asche seÿnd, vor welchem Sie auch dermahleins von Ihrer regierung, ja auch von jedem unnützen wort, eben so wohl werden rechenschafft geben müßen, alß der geringste Ihrer unterthanen. [Bl. 35v] und damit Mein Sohn solches desto leichter und beßer faßen möge, kan man Ihm die exempel derjenigen könige und Fürsten, welche Gott wegen Ihrer Frömmigkeit und Gottes furcht mit einer glücklichen regierung geseegnet und groß gemachet, wie auch im gegentheil die Exempel derer, welche durch absetzung von Gott, und eine lasterhaffte conduite Sich und Ihre lande in alles Unglück gestürtzet, unnachläßig vorhalten, gestalt solcher exempel so wohl die heÿl[ige]. Schrifft, alß auch die weltliche geschicht bücher voll seÿnd.

Was sonst zum unterricht im Christenthum, und zur übung der Gottseelichkeit erfordert wird, solches wirdt der OberhoffMeister ebenmäßig zu besorgen, und darob zu halten wißen:

also daß (1) Mein Sohn, nebst allen Seinen bedienten morgens und abends das gebeht auff den Knieen verrichte, (2) nach geendigtem gebeht, ein capitul aus der bibel lese, und das nicht oben hin, sondern daß allemahl nach der verlesung der fürnehmste inhalt kürzlich wiederholet, und dafern einige schöne sprüche, welche sich auff Meines Sohnes zu standt schicken, [Bl. 36r] darinnen zu finden, selbige extrahiret werden, damit Er dieselben wiederhohlen und aus wendig lernen könne, wie den solches auch mit den nützlichsten liedern und kurtzen ge[i]streichenen gebeteren gehalten werden kann, (3) daß ferner Mein Sohn in den glaubens articuln, prinicpiis und haubtstücken der Christlichen universal=reformirten religion wohl informiret werde, so durch eine fleißige catechisation, worzu Ich Meinen Hoff Prediger Andre[211] benennen werde, geschehen muß, (4) daß er fleißig zur Kirche und in die Predigten geführet, auch etwas daraus zu behalten angewiesen werde, (5) daß niemand zu dem Cron=Printzen verstattet werde, welcher denselben mit Fluchen, Schweren, garstigen und lasterhafften gesprächen verleiten könte, zu welchem ende Ich ernstlich verbieten laßen werde, daß keiner sich solle gelüsten laßen, ohne des oberhoffMeisters wißen und willen sich zu Meinem Sohn zu

[211] Johann Ernst Andreä (1671–1731), ab 1709 Hof- und Domprediger in Berlin.

nahen, weniger einige familiarität gegen denselben zu gebrauchen, und hatt der OberhoffMeister alle officiers, welche vor allen andern meinen Sohn frequentiren sollen [Bl. 36v] wie auch andere, die beÿ Ihm kommen können, auff einen Zettel zu setzen, da Ich dan schon sagen werde, welche hingehen sollen, oder nicht, den Er muß mit allen leuten umzugehen lernen und gewohnet werden, und nicht eingesperret bleiben wie den auch (7) [Fehlzählung für (6)] der oberhoffMeister, wan etwa Mein Sohn schweren oder fluchen oder sonsten etwas ärgerliches sprechen solte, Ihn davon ernstlich abzu mahnen, und wan solches nicht verfangen will, es an /mir und/ Meiner Frauen zu bringen hatt. (8) [Fehlzählung für (7)] von den operen, comedien und andern weltlichen Eitelkeiten abzuhalten, und Ihn so viel möglich einen degoût davor zu machen, und weil die veneration, und der Gehorsam, so Kinder Ihren Elteren schuldig seÿen, auch zur pietät gehöhret, so hatt der OberhoffMeister und sous=gouverneur gleich anfangs und beÿ Zeiten Meinem Sohne beÿ zu bringen, was Er Mir und Meiner Frauen vor respect und submission, welche aber nicht Knecht= oder Sclavisch seÿn muß, schuldig seÿ; insonderheit aber und vor allen dingen haben Sie Ihm zu imprimiren, daß Er eine besondere liebe, ho[c]hachtung und vertrauen gegen Unß beÿde zu haben schuldig seÿ, und wie eÿffrich er sich bemühen müße, Mir und Meiner Frauen, alß welche [Bl. 37r] es so wohl, und niemand beßer in der der gantzen Welt, mit Ihm meinten in allen seinen thun zu gefallen, und hergegen alles zu meiden, was Unß mißfallen könnte: Gleichwie aber die allzu große furcht nichts anders alß knechtische liebe und Sclavische affecten <gebehren> /hervorbringen/ kan, so soll sowohl der oberhoffMeister alß der sous=gouverneur sich dahin bearbeiten und Ihr möglichstes anwenden, Meinem Sohn wohl begreiffen zu machen, daß Er keine solche furcht, sondern nur eine wahre liebe, und vollkommen vertrauen vor Mich haben, und in Mich setzen müße, da Er den finden <solte> und erfahren solte, daß Ihm mit gleicher liebe und vertrauen begegnen werde. Solte aber Mein Sohn, wieder verhoffen, sich unartig und diesem nicht gemäß aufführen, so sollen Sie beÿde Ihm bedrauen es der Königin zu hinterbringen, und müßen Sie Ihm mit derselben allezeit schrecken, mit Mir aber <nicht>. niemahlen.

Nechst der Gottes Furcht ist nichts das ein fürstliches Gemüthe mehr zum guten antreiben und vom bösen abhalten kan, alß die wahre gloire [Bl. 37v] und begierde zum ruhm, Ehre und zu der bravoure, weßhalb dan vor allen dingen so wohl der OberhoffMeister, alß der sous=gouverneur, Ihr eintziges augenmerk seÿn laßen müßen, Ihn von allen aufgeblasenen stoltz und hochmuht, wie auch allem depeneen[212], welches sich alles ohnedem zu leicht einschleichet, auff alle weise abwendig zu machen, und zu dem ende alle nur ersinlichen mittel vorzukehren, hingegen aber haben Sie Ihn zur menage, Sparsamkeit und demuht anzuhalten, und dahin zu sehen, daß er ein guter wirth werde, und sich hirzu nach und nach bequemen lerne, da auch nichts schädlicher alß die flatterie, so habet Ihr allen welche zu Meinem Sohn kommen, solche beÿ Meiner grösten ungnade zu verbieh-

[212] Gemeint sind wahrscheinlich Depensen (Ausgaben).

ten, und Ihnen vorhero davon zu avertiren, wie auch, wan es do[c]h von einigen geschehen solte, <solche> /es/ anzuzeigen. daher den Meinem Sohn unabläßig beÿ zu bringen, daß nichts schöner alß die Tugendt, welche Ehre[,] ruhm und autorität giebt, und nichts schedlicher alß die laster, wo von man nur [Bl. 38r] schande, scham und verachtung einerndtet, und daß dannenhero fürnehmlich nach einer guten renommée zu trachten, und ein Printz erst den ruhm daß er ein honnete homme ist, erwerben müste, ehe Ihm der andere, daß er ein größerer und löblicher Fürst, zu theil werden könne: hirzu können abermahlen sonderlich dienen die exempel aus denen geschicht büchern, welche die wahrheit der lehre und Reguln, so man darüber gegeben, gleichsam vor augen stellen.

Auff eine gleichmäßige arth können Meinem Sohn alle übrige Tugenden und laster vorgestellt werden, nehmlich durch exempel und kurtze sententien oder sprüche, welche nicht einen eckel oder verdruß erregen können wie sonsten eine weitläufftige ethica oder sitten lehre thun mö[c]hte.

Was die übrige studia und wißenschafften, so einem Fürsten wohl anstehen, anbelanget, wird der progress darinnen mit dem wachsthum der jahre gesuchet, und dahin gesehen werden müßen, daß das nöhtigste zum ersten, alles aber ohne eckel und verdruß erlernet werden möge, und [Bl. 38v] weil solches fürnehmlich auff die dexteritát des Praeceptoris du Han[213], alß welcher so wohl <unterrichten> /unter den/ Ober hoffMeister alß sous=gouverneur stehen und von Ihnen beÿden dependiren soll, den Ich Meinem Sohn zugegeben, ankommen wirdt, so hatt der ober=hoffMeister mit denselben, was nach und nach zu thun und vorzunehmen, zu concertiren, und Mir davon, ob Ich es approbiren werde, zu berichten; was die lateinische Sprache anlanget, so soll mein Sohn solche nicht lernen, und will Ich auch nicht daß Mir einer davon sprechen soll, sondern sie sollen beÿde nur dahin sehen, daß Er so wohl im Frantzösischen als teütschen eine coulante /und kurtze/ Schreib=art sich angewehne, die rechenkunst mathematick, artillerie, oeconomie muß er aus dem fu[n]dement erlernen, die alte historie kan Ihm nur überhin, diejenige aber von unseren Zeiten, und von 150 jahr her, muß Ihm auffs genauste beÿgebracht werden, das jus naturae /und Jus gentium/, oder volcker recht, wie auch die geographie, und was in jedem lande remarquable muß er vollkommen inne haben, absonderlich aber muß meinem Sohn die Historie [Bl. 39r] seines hauses sorgfältig beÿgebracht werden, zu welchem ende dan die Biblioteck und archiv Ihnen offen stehen soll, und die exempel derer die sich durch löblige thaten berühmt gemachet wohl zu imprimiren, den ein domesticum exemplum hatt allezeit mehr Krafft alß ein auswärtiges. nebst der Preußischen Historie hatt Er auch die geschichte derjenigen häuser, so mit demselben vor andern verknüpffet seÿn zu erlernen, alß da seÿen die häuser /Engeland/ Braunschweig Hessen &c. welche Ihm auch viel löbliche exempla formiren werden, Fürnehmlich ist beÿ Lesung kluger Historicorum zu beobachten, daß auff die begebnüße und derselben ursachen reflexion gemachet werde, was wohl und ubel gethan. die Frantzösische

213 Jacques Égide Duhan de Jandun (1685–1746).

sprache, worinnen Mein Sohn bereits einen guten anfang gemachet, kan man continuiren, Ihm durch die übung im reden und dan mit der Zeit durch lesung guter Frantzösischer bücher beÿ bringen, das studium mathematicum wirdt auch so baldt des Printzen alter es zu läßet zur hand zu nehmen, und der anfang mit zeignen [i.e. zeichnen] oder reißen zu machen seÿn, nachgehend, und wan die aufmerckung zu nimbt, kan man Ihm [Bl. 39v] was nöhtig, von denen fortificationen[,] von formirung eines lagers, und andren Krieges wißenschafften nach und nach beÿbringen, damit er von jugendt auff angeführet werde einen officier und general zu agiren; absonderlich haben Sie beÿde sich äuserst angelegen seÿn zu laßen, Meinem Sohn eine wahre liebe zum Soldaten stande ein zu pregen, und Ihm zu imprimiren, daß gleichwie nichts in der welt was einem Printzen Ehre und ruhm zu geben vermag alß der degen, und Er also vor der welt ein verachter Mensch seÿn würde wan Er solchen nicht gleichfals liebte, und die eintzige glorie in demselben suchte: wie dan auch der ober=hoffMeister die verfügung zu thun hatt, daß dem Printzen die Kriegs exercitia spielendt, beÿ denen recreations Stunden beÿgebracht werden.

Nichts ist daß einem großen fürsten beßer anstehet, und nöhtiger ist, alß wohl reden, und daß beÿ allen vorfallenheiten, weßhalb der ober hoffMeister und Sous=gouverneur dahin zu sehen hatt, daß der Printz beÿ Zeiten dazu durch übung angeführet werde, gestaldt denn solches durch kleine reden, so man Ihm anfangs vorzuschreiben, geschehen kan, es seÿ daß gratulationes [Bl. 40r] über allerleÿ sujets zu thun, oder daß auff gratulationes zu antworten, ingleichen wan eine armée zu einer rigoureusen action zu animiren, wie auch im genere deliberatorio, wan im Raht oder Krieges raht etwas zu persuadiren, oder auff verschiedene meinungen einen schluß zu faßen, und dergleichen, damit aber der Printz durch ein exempel und die emulation in dergleichen dingen desto mehr animiret werde, kan man einen Knaben von guten hauße der sich wohl dazu schicket, und gute dona naturalia hatt, wehlen, und will Ich zu gewißen Zeiten Meinen Sohn examiniren, und so offt möglich selber dabeÿ seÿn; beÿ allen solchen übungen muß auch drauff gesehen werden, daß Mein Sohn alles rein und deutlich ausspreche, in gleichen daß Er anständige Sitten und geberden, wie auch einen guten und manierlichen, nicht aber Pedant[i]schen umgang habe.

Ferner hatt der ober hoffMeister und Sous=gouverneur, auff die gesundheit Meines Sohnes sorgfältige acht zu geben, und alles das zu verhüten und abzukehren, was dieselbe einiger maßen alteriren kan, es seÿ im Essen und trinken, oder in denen Gemühts bewegungen [Bl. 40v] oder in den exercitiis corporis, wan dieselbe gar zu violent seÿn, Sie müssen Ihn aber auch nicht beÿ leib und leben verzährtlen, und gar zu weichlich gewehnen; so baldt Ihm aber etwas fehlen, und Er sich nicht wohl befinden solte, haben Sie es alsofort an die Königin zu bringen;

Sonsten weil durch mäßige exercitia corporis die gesundtheit guten theils erhalten, und die Kräffte vermehret werden, so hatt der ober hoffMeister und Sous=gouverneur, auch darauff acht zu haben, daß dieselbe zu rechter Zeit adhibiret werden, und zwar nach dem es Meines Sohnes alter und leibes constitution zu laßen will, dahero dan mit denen Krieges exercitiis, und dergleichen, alß reiten und fechten der anfang gemachet werden kan, wan Mein Sohn etwas robuster wirdt, wie den auch beÿ allen solchen übungen, die enervation zu verhüten, und daß der Printz Sich nicht gar zu sehr angreiffe. Außer denen exercitiis, <und dergleich> corporis wirdt nöhtig seÿn, Meinem Sohn sonst eine honête recreation zu machen und zu geben, alß da seÿn gewiße anständige spiele, nicht aber von carthen oder hazard, alß welche sich sonst wohl lernen, sondern andre, womit der esprit aufgemuntert wirdt, item spatzieren reiten [Bl. 41r] und gehen, wan das wetter gut, und dergleichen mehr, und gleichwie die Faulheit, alß woraus verschwendung und durchbringen < geboren werden> /entstehen und/, eines der grösten Laster, so habet Ihr dem Printzen davor den aller grösten eckel in der Welt zu machen, zu welchem Ende man den dergleichen recreationes alß ein præmium proponiren kan, wan Mein Sohn wohl lernet und das seinige gethan haben wirdt, ordi[n]airie aber kan man 2. nachmittage in der woche zu dergleichen recreationen gebrauchen.

Es soll aber Mein Sohn niemahlen allein gelaßen werden, außer denen stunden, so er beÿ dem Preceptor zu bringet, und daferne der oberhoffmeister entweder wegen zugestoßener unpäßlichkeit oder abwesenheit, oder anderen geschäfften, nicht allemahl zugegen seÿn könte, so soll er die verfügung thun daß entweder der Oberstt. v. Kalckstein, oder auch in deßen abwesenheit der oberstl[ieutenant]. v Finck beÿ Ihm bleibe; und weil der oberhoffMeister und Sousgouverneur auch die auffsicht über alle übrige bediente und leute Meines Sohnes haben, und auf derselben thun und laßen [Bl. 41v] acht, folglich auch gewißer maß[en] rechenschafft davon geben müßen, so sollen Sie auch insgesambt an Sie beÿde verwiesen werden.

An Meines Sohnes taffel soll niemand kommen, alß welchen der oberhoffMeister dazu wird invitiren laßen, wozu Er den solche leute, absonderlich aber officiers zu ersehen hatt, davon keine corruption oder Scandal zu befahren, sondern vielmehr die capabel seÿn nützl[iche]. und gute discurse hervorzubringen, damit auch Mein Sohn die Zeit so Er an der taffel zubringet nicht übel angewendet werde.

Da auch offtmahls beÿ herannahenden jahren, das laster der hurereÿ und branliren[214] einzureißen pfleget, so hatt so wohl der ober hoffMeister alß auch der Sousgouverneur drauff mit vor allen dingen acht zu haben, daß solches verhütet werde widrigen falls Sie Mir beÿde mit Ihren Köpffen davor hafften sollen.

Und ob Ich zwar zu der güte des höchsten das vertrauen habe, es werde derselbe Meines Sohnes erziehung dergestalt geseegnen, daß selbige durch gute ermahnungen und gelinde mittel werde können beschaffet werden, ohne das noht seÿ, eine [Bl. 42r] scharffe animadversion zu gebrauchen, jedoch wan es sich zu Zeiten begeben solte, so werde Ich dagegen solche mittel anordnen, welche das übel zu heben capabel seÿn, gestalten Ich den denenselben nochmahlen hirmit

214 Aus dem Französichen für ›wackeln, hin und her bewegen‹, gemeint ist onanieren.

versichere, daß Ich Ihnen beÿ getreuer verwaltung <seines> /Ihres/ ambts gegen männiglich kräfftigligst schützen, und Ihnen beÿ ihrer <seines> /Ihrer/ autorität zu erhalten beflißen seÿn werde, deßen Sie Sich auch zu Meiner Frauen in alle wege zu versehen haben.

Damit aber der oberhoffMeister gelegenheit habe Sich beÿ Meinem Sohn allezeit belieb[t] zu machen, und in ansehen zu erhalten, so will Ich wan etwa eine animadversion und straffe von Mir verordnet worden, eine remission, auff seine intercession ertheilen.

<Sonsten> /übrigens/ hatt der oberhoffMeister dahin zu sehen, daß Mein Sohn des morgens im sommer um 7. uhr, des winters aber umb 8. uhr aufstehe, des abends aber sich um 9. Uhr zum schlafen gehen bereite, so daß er längstens um 10. uhr im bette seÿ, zu welchem ende, und damit solches wohl beobachtet werde, soll der oberhoffMeister und Sousgouverneur, tour à tour in Meines Sohnes cammer schlaffen und [Bl. 42v] muß einer von Ihnen beÿden auch des nachts zu gegen seÿn. Vor solche des ober=hoffMeisters und Sousgouverneurs schwehre und mühesamen bedienung, bin Ich billig bedacht denenselben Meine gnädige belohnung und erkentniß spüren zu laßen, und werde Ich selbige dergestalt einrichten, daß Sie der Wichtigkeit Ihrer dienste, und dieses employs, vermittels deßen Ich Ihnen d[a]s theuerste Pfandt, so Ich auff der welt habe, anvertraue und über gebe, proportioniret seÿn soll.

[Unterschrift] FrWilhelm [Berlin, 13.8.1718]

Abkürzungen

AFSt: Archiv der Franckeschen Stiftungen, Halle/Saale
BFSt: Bibliothek der Franckeschen Stiftungen, Halle/Saale
GStA PK: Geheimes Staatsarchiv Berlin/Preußischer Kulturbesitz
LAA: Gottfried Wilhelm Leibniz: Sämtliche Schriften und Briefe. Hg. v. d. Akademie der Wissenschaften der DDR. Bisher 110 Bde. Berlin 1923ff.
LB: Gottfried Wilhelm Leibniz Bibliothek – Niedersächsische Landesbibliothek Hannover
NBW: Nationalbibliothek Warschau (Bibliotheka Narodowa)

Quellen- und Literaturverzeichnis

1 Ungedruckte Quellen

[Anonymus:] Verzeichnis der merkwürdigsten Dinge welche [...] in wöchentlichen Conferentz vorgebracht (AFSt/S A I 212)

[Anonymus:] Verzeichnis der merkwürdigsten Dinge welche ordentlicher und gesegneter Fortsetzung der Information, Education und übrigen Arbeit im Paedagogio Regio zu Glaucha vor Halle in wöchentlichen Conferentz vorgebracht, abgeredet und beschloßen worden, allen sich an diesem Werck befindlichen Mitarbeitern zu guten und deutlichen Nachricht angefangen d. 27. Junii 1708. Tomus I (AFSt/S A I 212)

Francke, August Hermann: Einige Gedancken zur Auferziehung eines zum Regiment destinirten Printzen. [Entwurf und Ausführung] (AFSt/H A 183 : 10 und AFSt/H D 80, 437–448)

Francke, August Hermann: Project zu Erziehung des jungen Graffen Waldeck. (AFSt/H D 121 : 39)

Friedrich III. v. Brandenburg: Instruction und Bestallung, welche Wir Friderich der Dritte [...] Unseres Eintzigen Sohnes und Chur=Printzen, Herren Friderich Wilhelms [...] verordneten Oberhoffmeister, [...] Alexandern, [...] Graffen zu Dohna, [...] ertheilet. (GStA PK, I. Hausarchiv, Geheimer Rat, Rep. 36 Hof- und Güterverwaltung, Nr. 241, Bl. 3–18)

Friedrich Wilhelm I. v. Preußen: Instruction und bestallung, welche Ich Friedrich Wilhelm [...] Meines Sohnes des Cron=Printzen Friedrichs verordneten

Ober=Hofmeister, und Sousgouverneur, [...] Graf von Finckenstein, und Obristen von Kalckstein ertheilet. (GStA PK, I. Hausarchiv, Geheimer Rat, Rep. 36, Hof- und Güterverwaltung, Nr. 246, Bl. 32–42)

Friedrich Wilhelm v. Brandenburg: Instruction und Bestallung für den OberPræsidenten Freÿherrn von Schwerin zum Hoff=Meister beÿ dem ChurPrintzen. (GStA PK, I. Hausarchiv, Brandenburg-Preußisches Hausarchiv, Rep. 35, Kurfürst Friedrich Wilhelm, V 8, Bl. 2–11)

Leibniz, Gottfried Wilhelm: Cogitata de insigni bonitate et multa sapientia Principi juveni inspiranda (NBW, Rep. IV 4879 Bd. 179, Bl. 176r/v und 179r)

Leibniz, Gottfried Wilhelm: Cogitata de perfectionisbus Principii potentia externe (NBW, Rep. IV 4879 Bd. 179, Bl. 177r/v und 178r/v)

Leibniz, Gottfried Wilhelm: Lettre sur l'education d'un prince. (LB, Rep. LH IV, 11, Bl. 31–34)

2 Gedruckte Quellen

[Anonymus:] Catalogus Librorum Bibliotheca Orphanotro [s. l., 1720]. (Katalog [der Hauptbibliothek Bd. II] mit vorangestelltem alphabetischen Index der Verfasser und am Schluß zugefügten alphabetischen Verzeichnis der Buchtitel) (AFSt/H A 31)

[Anonymus:] Catalogus M. August Hermann Franckens bißhero heraus gegebener Schrifften und Vorreden. [s. l.] 1698.

[Anonymus:] De l'éducation de la jeunesse, où l'on donne la manière de l'instruire dans la Civilité, comme on la pratique en France. Paris: Villette, 1689.

Arndt, Johann: Das dritte Buch vom wahren Christenthumb: Vom inwendigen Menschen [...]. Lüneburg: Sturm, 1653.

Bossuet, Jacques Bénigne: Discours Sur L'Histoire Universelle A Monseignevr Le Davphin. Pour expliquer la suite de la Religion & les changemens des Empires. Paris: Mabre-Cramoisy, 1681.

Boutauld, Michel: Les Conseils de la sagesse ou le recueil des maximes de Salomon, les plus nécessaires à l'homme pour se conduire sagement. Avec des réflexions sur ces maximes. Paris: Mabre-Cramoisy, 1678.

Boutauld, Michel: Rath der Weißheit, Oder Auszug Salomonischer Maximen, Die der Mensch zu einer klugen Auffführung höchstnöthig hat / Mit Erwegungen über diese Maximen aus dem Frantzösischen [des Michel Boutauld] ins Teutsche übersetzet [von Samuel Frantz]. Nebst einer Vorrede Christ[ian] Gotth[elf] Blumbergs. Chemnitz: Stössel, 1707.

de Conti, Armand de Bourbon: Die Pflicht und Schuldigkeit Der Fürsten, Welche Ihnen zum unbetrüglichen Wegweiser dienen kan, Wie sie sich gegen Gott, gegen sich selbsten und gegen den Nechsten verhalten sollen. Aus dem Frantzösischen ins Teutsche übersetzet. [S. l.] 1698.

de Conti, Armand de Bourbon: Les Devoirs des grands. Par Monseigneur le prince de Conty. Avec son testament. Paris: Barbin, 1665.

Descartes, René: Meditationes de prima philosophia [1641]. Lateinisch-Deutsch. Hg. v. Lüder Gäbe. Hamburg ^{3}1992 (Philosophische Bibliothek, 250a).

v. Dohna, Christoph: Mémoires originaux sur le regne et la cour de Frédéric I., roi de Prusse. Berlin: Nicolai, 1833.

Elisabeth Charlotte v. Orléans: Aus den Briefen der Herzogin Elisabeth Charlotte von Orléans an die Kurfürstin Sophie von Hannover. Ein Beitrag zur Kulturgeschichte des 17. und 18. Jahrhunderts. Hg. v. Eduard Bodemann. Hannover 1891.

Erman, Jean Pierre/Reclam, Peter Christian Friedrich: Mémoires pour servir à l'histoire des Réfugiés François dans ses états du Roi. Nouvelle édition. Berlin: Jasperd 1782.

Fénelon, François de Salignac de la Mothe: De l'éducation des filles. Paris: Aubouin, 1687.

Fénelon, François de Salignac de la Mothe: Von der Erziehung der Töchter/ Durch den Hn. Abt von Fenelon [...]. Aus dem Frantzösischen übersetzet. Mit einer Vorrede August Hermann Franckens [...]. Halle, Leipzig: Fritsch, 1698.

[Francke, August Hermann:] Beschreibung eines verbesserten Fürsten-Staats Durch Drey Getreue Ministros. Gedruckt im Jahr 1699. [s. l., s. n., 1699].

Francke, August Hermann: Kurzer und einfältiger Unterricht, wie die Kinder zur wahren Gottseeligkeit und christlichen Klugheit anzuführen sind, ehemals zu Behuf christlicher Informatorum entworfen, und nun auf Begehren in Druck gegeben [1702]. In: ders., Pädagogische Schriften, 15–71.

Francke, August Hermann: Ordnung und Lehrart, wie selbige in dem Paedagogio zu Glaucha an Halle eingeführet ist: worinnen vornehmlich zu befinden, wie die Jugend, nebst der Anweisung zum Christentum, in Sprachen und Wissenschaften, als in der lateinischen, griechischen, ebräischen und französischen Sprache, wie auch in Calligraphia, Geographia, Historia, Arithmetica, Geometria, Oratoria, Theologia und in Fundamentia astronomicis, botanicis, anatomicis etc. auf eine kurze und leichte Methode zu unterrichten und zu denen Stu-diis Academicis zu präparieren sei [1696]. In: ders., Pädagogische Schriften, 205–285.

Francke, August Hermann: Ordnung und Lehrart, wie selbige in denen zum Waisenhause gehörigen Schulen eingeführet ist, worinnen vornehmlich zu befinden, wie die Kinder in und außer der Schul in christlicher Zucht zu halten und zum Lesen, zierlichen Schreiben, Rechnen, wie auch zur Musik und andern nützlichen Dingen anzufahren sind [1702]. In: ders., Pädagogische Schriften, 107–175.

Francke, August Hermann: Pädagogische Schriften. Hg. v. Gustav Kramer. Langensalza ^{2}1885 (Beyer's Bibliothek pädagogischer Klassiker).

Francke, August Hermann: Project zu Erziehung des jungen Herrn Graffen von Waldeck. In: Menck, Erziehung der Jugend, 113–115.

Francke, August Hermann: Projecte wie die Anführung des Herrenstandes, Adelicher und anderer führnehmer Jugend veranstaltet und zum guten Theils wirklich eingerichtet und an-gefangen. Zu Halle im Herzogtum Magdeburg. Anno 1698. In: ders., Pädagogische Schriften, 440f.

Francke, August Hermann: Von der Erziehung der Jugend [1698]. In: ders.: Werke in Auswahl. Hg. v. Erhard Peschke. Berlin 1969, 120–123.

Fredro, Andrzej Maksymilian: Monita Politico-Moralia Et Icon Ingeniorum. Danzig: Förster, 1664.

Freylingshausen, Johann Anastasius: Grundlegung der Theologie, darin die Glaubens-lehren [...] vorgetragen [1703]. 12. Auflage. Halle: Waysenhaus-Druckerei, 1755.

Friederike Sophie Wilhelmine von Bayreuth: Mémoirs de Frédérique Sophie Wilhelmine Margrave de Bayreuth, sœur de Frédéric le Grand, depuis l'année 1706 jusqu'à 1742 écrits de sa maine. Hg. v. Gérard Doscot. Paris 1967.

Friedrich II. v. Preußen: Die Werke Friedrichs des Großen in deutscher Übersetzung. Hg. v. Gustav Berthold Volz. 10 Bde. Berlin 1912–1914.

Friedrich II. v. Preußen: Instruction au Major Borcke v. 24.9.1751. In: Œuvres de Frédéric le Grand. Hg. v. Johann David Erdmann Preuß. 31 Bde. Bd. 9. Berlin 1846–1857, 37–40.

Friedrich II. v. Preußen: Œuvres de Frédéric le Grand. Hg. v. Johann David Erdmann Preuß. 31 Bde. Berlin 1846–1857.

Friedrich Wilhelm I. v. Preußen: Reglement, wie Mein ältester Sohn Friedrich Seine Studien zu Wusterhausen halten soll. In: Förster: Friedrich Wilhelm I., Bd. 1, 357–359.

Fritsch, Ahasver: Heller Spiegel Eines frommen und Christlich-weisen Regentens. Nach dem Vortreflichen Exempel Des weyland [...] Herrn Ernsten des Dritten/ Hertzogen zu Sachsen [...] Christ-seeligsten Andenckens. Rudolstadt: Boetius, 1683.

Fritsch, Ahasver: Princeps Peccans, Sive Tractatus De Peccatis Principum. Jena: Brössel, Müller, 1674.

v. Fuchs, Paul: Discours prononcé à la Cour de Berlin le 25. Fé[v]rier 1695. In: Förster: Friedrich Wilhelm I., Bd. 1, 88–99.

Hoburg, Christian: Christ-Fürstlicher Jugend-Spiegel. Allen Jungen Regenten/ und denen/ so die Regierung bedienen/ oder schierkünfftig bedienen möchten/ wol zubeschawen/ Zur höchstnöthigen Erinnerung [...] damit sie ein gutes Gewissen behalten. Frankfurt/Main: Merian, 1645.

Leibniz, Gottfried Wilhelm: Die Werke von Leibniz gemäß seinem handschriftlichen Nachlasse in der Königlichen Bibliothek zu Hannover [...] Hg. v. Onno Klopp. 11 Bde. Hannover 1864–1884.

Leibniz, Gottfried Wilhelm: Le Portrait du Prince tiré des qualitéz et des vertus heroiques de S. A. Sme Msgr. Jean Frederic duc de Bronsvic et de Lunebourg. In: Die Werke von Leibniz gemäß seinem handschriftlichen Nachlasse in der Königlichen Bibliothek zu Hannover. Hg. v. Onno Klopp. Reihe I, Bd. 4. Hannover 1875, 461–488.

Leibniz, Gottfried Wilhelm: Opera omnia. Hg. v. Louis Dutens. Genf: Fratres de Tournes, 1768.

Leibniz, Gottfried Wilhelm: Specimen einiger Punkte, darinn Moskau denen Scienzen beförderlich seyn könnte [1711]. In: Ders.: Nouvelles Lettres et opuscules inédits. Hg. v. Louis Alexandre Foucher de Careil. Bd. 7. Paris 1867, 395–403.

Locke, John: Herrn Johann Locks Unterricht von Erziehung der Kinder aus dem Englischen; Nebst Herrn von Fenelon Ertz-Bischoffs von Cammerich Gedancken von Erziehung der Töchter/ aus dem Frantzösischen übersetzet. Mit einigen anmerckungen und einer vorrede. Leipzig: Fritsch, 1708.

Locke, John: Some thoughts concerning education. London: Churchill, 1693.

Lünig, Johann Christian: Angenehmes Labyrinth der Staats- und gelehrten Beredsamkeit. Worinnen die neuesten Reden zu finden, welche an unterschiedenen europäischen Höfen und sonsten in Freud und Leid gehalten worden [...]. 2 Bde. Leipzig: Lanckisch, 1750.

Melanchthon, Philipp/Peucer, Kaspar: Chronica Carionis. Von anfang der Welt, bis vff Keiser Carolum den Fünfften [...]. Wittemberg: Lufft, 1578.

Melanchthon, Philipp: Chronicon Carionis Latine Expositum Et Auctum Multis Et Veteribus Et Recentibus Historijs, in narrationibus rerum Graecarum, Germanicarum & Ecclesiasticarum. Wittenberg: Rhaw, 1558.

de Pöllnitz, Charles Louis: Lettres et Mémoirs du Baron de Pöllnitz [...] Troisième Edition [...]. 3 Bde. Amsterdam: Changuion, 1737.

de Pöllnitz, Charles Louis: Mémoirs pour sérvir à l'histoire des quatres dernières souverains de la maison de Brande[n]bourg Royale de Prusse. [...]. 2 Bde. Berlin: Voss, 1791.

Rebeur, Jean Philipp: Aufzeichnungen [I] [...] über seine Tätigkeit als Informator Friedrich Wilhelms I. Vom Mai 1697 bis Januar 1701. Hg. v. Heinrich Borkowski. In: Hohenzollern-Jahrbuch 8, 1904, 214–230.

Rebeur, Jean Philippe: Aufzeichnungen [II] [...] über seine Tätigkeit als Informator Friedrich Wilhelms I. Vom Mai 1697 bis Januar 1701. Hg. v. Heinrich Borkowski. In: Hohenzollern-Jahrbuch 9, 1905, 155–168.

[Reyher, Andreas]: Methodus Oder Bericht/ Wie nechst Göttlicher Verleyhung/ die Knaben und Mägdlein auff den Dorffschafften/ und in den Städten/ die üntere Classes der Schul-Jugend im Fürstenthumb Gotha/ Kürtz- und nützlich unterrichtet werden können und sollen. Auff Gnädigen Fürstlichen Befehl auffgesetzet. Gotha: Schall, 1658.

Rousseau, Jean-Jacques: Confessions. In: Ders.: Œuvres complètes. Hg. v. Bernard Gagnebin u. Marcel Raymond. 4 Bde. Bd. 1. Paris 1959–1969 (Bibliothèque de la Pléiade, 1, 153, 169, 208).

Sophie Charlotte v. Preußen: Briefe der Königin Sophie Charlotte von Preußen und der Kurfürstin Sophie von Hannover an hannoversche Diplomaten. Hg. v. Richard Doebner. Leipzig 1905, 35.

Sophie v. Hannover: Briefe der Herzogin, späteren Kurfürstin Sophie von Hannover an ihre Oberhofmeisterin U. K. v. Harling, geb. von Uffelen. In: Zeitschrift des historischen Vereins für Niedersachsen (1895), 1–95.

Sophie v. Hannover: Briefwechsel der Kurfürstin Sophie von Hannover mit dem Preußischen Königshause. Hg. v. Georg Schnath. Berlin, Leipzig 1927.

Thomasius, Christian: Höchstnöthige Cautelen Welche ein Studiosus Juris, Der sich zu Erlernung Der Rechts-Gelahrheit Auff eine kluge und geschickte Weise vorbereiten will, zu beobachten hat: Nebst einem dreyfachen und vollkommenen Register [...]. Hildesheim 2005 (Ndr. d. Ausg. Halle 1713).

Weigel, Erhard: Kurtze Relation von dem nunmehr zur Prob gebrachten Mathematischen Vorschlag/ betreffend Die Kunst= und Tugend=Information [...] bey den Kindern [...]. Jena: Bielcke, 1684.

3 Forschungsliteratur

Aiton, Eric J.: Gottfried Wilhelm Leibniz. Eine Biographie. A. d. Engl. v. Christiana Goldmann u. Christa Krüger. Frankfurt/Main 1991.

Albrecht-Birkner, Veronika: Reformation des Lebens. Die Reformen Herzog Ernsts des Frommen von Sachsen-Gotha und ihre Auswirkungen auf Frömmigkeit, Schule und Alltag im ländlichen Raum (1640–1675). Leipzig 2001 (Leucorea-Studien zur Geschichte der Reformation und der Lutherischen Orthodoxie, 1).

August Hermann Francke 1663–1727. Bibliographie seiner Schriften. Bearb. v. Paul Raabe u. Almut Pfeiffer. Tübingen 2001 (Hallesche Quellenpublikationen und Repertorien, 5).

Baumgart, Peter: Friedrich Wilhelm I. (1713–1740). In: Preußens Herrscher. Von den ersten Hohenzollern bis Wilhelm II. Hg. v. Frank-Lothar Kroll. München 2006, 134–159.

Baumgart, Peter: Kronprinzenopposition. Zum Verhältnis Friedrichs zu seinem Vater Friedrich Wilhelm I. In: Friedrich der Große, Franken und das Reich. Hg. v. Heinz Duchhardt. Köln, Wien 1986, 5–23.

Borkowski, Heinrich: Erzieher und Erziehung Friedrich Wilhelms I. In: Hohenzollern-Jahrbuch 8, 1904, 92–142.

Borkowski, Heinrich: Königin Sophie Charlotte als Mutter und Erzieherin. In: Hohenzollern-Jahrbuch 7, 1903, 223–245.

Brather, Hans-Stephan: Leibniz und seine Akademie. Ausgewählte Quellen zur Geschichte der Berliner Sozietät der Wissenschaften (1697–1716). Berlin 1993.

Bratuschek, Ernst: Die Erziehung Friedrichs des Großen. Berlin 1885.

Deppermann, Klaus: Der hallesche Pietismus und der preußische Staat unter Friedrich III. (I.). Göttingen 1961.

Dittrich-Jacobi, Juliane: Pietismus und Pädagogik im Konstitutionsprozeß der bürgerlichen Gesellschaft. Historisch-systematische Untersuchung der Pädagogik August Hermann Franckes (1663–1727). Diss. [masch.]. Bielefeld 1976.

Doebner, Richard: Aktenstücke betreffend die Vernichtung der Briefschaften Sophie Charlottes, König von Preußen, 1705. In: Forschungen zur brandenburgischen und preußischen Geschichte 11, 1900, 541f.

Dürr, Karl: Metaphysik und wissenschaftliche Philosophie. Berlin 1967.

Förster, Friedrich Christoph: Friedrich Wilhelm I., König von Preußen. 3 Bde. Potsdam 1834–1835.

Frey, Linda u. Marsha: Friedrich I. Preußens erster König. A. d. amerik. Englisch v. Uta Szyszkowitz. Graz 1984.

Friedrich Christoph Förster: Friedrich Wilhelm I. König von Preußen. Potsdam 1834.

Friedrich, Martin: Speners Konzept der christlichen Erziehung. In: Das Kind in Pietismus und Aufklärung. Beiträge des internationalen Symposions vom 12.–15. November 1997 in den Franckeschen Stiftungen zu Halle. Hg. v. Josef N. Neumann u. Udo Sträter. Tübingen 2000 (Hallesche Forschungen, 5), 33–45.

Gawthorp, Richard L.: Pedagogy and Reform in Halle Pietism and the German Enlightenment. In: Interdisziplinäre Pietismusforschung. Beiträge zum Ersten Internationalen Kongress für Pietismusforschung. Hg. v. Udo Sträter [u. a.]. Tübingen 2005 (Hallesche Forschungen, 17), 529–535.

Grieser, Rudolf: Leibniz und das Problem der Prinzenerziehung. In: Gottfried Wilhelm Leibniz. Sein Leben, sein Wirken, seine Welt. Hg. v. Wilhelm Totok u. Carl Haase. Hannover 1966, 511–533.

Grimm, Jacob u. Wilhelm: Deutsches Wörterbuch. 33 Bde. Leipzig 1854–1971.

Großmann, Julius: Jugendgeschichte Friedrichs I. Ersten Königs in Preußen. In: Hohenzollern-Jahrbuch 2, 1900, 10–59.

Guhrauer, Gottschalk Eduard: Gottfried Wilhelm Freiherr von Leibnitz. Breslau 1846.

Harnack, Adolf v.: Geschichte der Königlichen Preußischen Akademie der Wissenschaften. Berlin 1900.

Hein, Max: Otto v. Schwerin, der Oberpräsident des Großen Kurfürsten. Königsberg 1929.

Herrmann, Ulrich: Aufklärung und Erziehung. Studien zur Funktion der Erziehung im Konstitutionsprozeß der bürgerlichen Gesellschaft im 18. und frühen 19. Jahrhundert. Weinheim 1993.

Hillerbrand, Hans J.: Religion und Politik in Preußen. Friedrich Wilhelm I. und der Pietismus. In: Der Soldatenkönig. Friedrich Wilhelm I. in seiner Zeit. Hg. v. Friedrich Beck u. Julius H. Schoeps. Potsdam 2003, 49–68.

Hinrichs, Carl: Der Kronprinzenprozeß. Friedrich und Katte. Hamburg 1936.
Hinrichs, Carl: Friedrich Wilhelm I. Eine Biographie. Jugend und Aufstieg [...]. Darmstadt 1968 (Ndr. der Ausg. Hamburg 1943).
Hirsch, Ferdinand: Die Briefe der Kurfürstin Luise Henriette von Brandenburg an den Oberpräsidenten Otto v. Schwerin, in: Forschungen zur brandenburgischen und preußischen Geschichte 8, 1897, 173–206.
Hirsch, Ferdinand: Die Erziehung der älteren Söhne des Großen Kurfürsten, in: Forschungen zur brandenburgischen und preußischen Geschichte 7, 1894, 141–171.
Kantzenbach, Friedrich Wilhelm: Die Erziehungsarbeit Ernst des Frommen von Gotha. In: ders.: Orthodoxie und Pietismus. Gütersloh 1966 (Evangelische Enzyklopädie, 11/12), 114f.
Kapp, Volker: Conversation sur le livre de Télémaque. In: Dix-huitième siècle 14, 1982, 221–229.
Kaulbach, Friedrich: Subjektivität, Fundament der Erkenntnis und lebendiger Spiegel bei Leibniz. In: Zeitschrift für Philosophische Forschung 20, 1966, 471–495.
Klinkenborg, Melle/Joachim, Erich: Familiengeschichte des Gräflich Finck von Finckensteinschen Geschlechts. Berlin 1921.
Koser, Reinhold: Geschichte Friedrichs des Großen. 4 Bde. Darmstadt 1963.
Kunisch, Johannes: Friedrich der Große. Der König und seine Zeit. München 2004.
Lehmann, Hannelore: Daniel Ernst Jablonski, August Hermann Francke und die Anfänge des Königlich-Potsdamschen Militärwaisenhauses in den Jahren 1724/25. In: Daniel Ernst Jablonski. Religion, Wissenschaft und Politik um 1700. Hg. v. Joachim Bahlcke u. Werner Korthaase. Wiesbaden 2008, 169–204.
Menck, Peter: Die Erziehung der Jugend zur Ehre Gottes und zum Nutzen des Nächsten. Die Pädagogik August Hermann Franckes. Tübingen 2001 (Hallesche Forschungen, 7).
Menck, Peter: Unwissenheit und Bosheit. Über die Grundlagen der Erziehung bei August Hermann Francke. In: Aufklärung und Erneuerung. Beiträge zur Geschichte der Universität Halle im ersten Jahrhundert ihres Bestehens (1694–1806). Hg. v. Günter Jerouschek. Hanau 1994, 182–191.
Mentzel, Friedrich Franz: Rezension zu Peter Menck: Die Erziehung der Jugend zur Ehre Gottes und zum Nutzen des Nächsten. Die Pädagogik August Hermann Franckes. In: Paedagogica Historica 39, 2003, 226–229.
Migne, Jacques Paul: Patrologia Latina. Paris 1854
Mittelstrass, Jürgen: Der Philosoph und die Königin. Leibniz und Sophie Charlotte. In: Leibniz in Berlin. Symposium der Leibniz-Gesellschaft [...]. Hg. v. Hans Poser u. Albert Heinekamp. Stuttgart 1990 (Studia Leibnitiana, Sonderheft, 16), 9–27.
Mittenzwei, Ingrid: Friedrich II. von Preußen. Berlin (Ost) 1979.

Neumann, Hans-Joachim: Friedrich I. Der erste König der Preußen. Berlin 2001.

v. Orlich, Leopold: Friedrich Wilhelm der Große Kurfürst. Berlin 1836.

v. Orlich, Leopold: Geschichte des Preußischen Staates im siebzehnten Jahrhundert [...]. 3 Bde. Berlin 1838–1839.

Osterwalder, Fritz: Die Geburt der deutschsprachigen Pädagogik aus dem Geist des evangelischen Dogmas. In: Vierteljahresschrift für wissenschaftliche Pädagogik 68, 1992, 426–454.

Osterwalder, Fritz: Theologische Konzepte von Erziehung. Das Verhältnis von Fénélon und Francke. In: Das Kind in Pietismus und Aufklärung. Beiträge des internationalen Symposions vom 12.–15. November 1997 in den Franckeschen Stiftungen zu Halle. Hg. v. Josef N. Neumann u. Udo Sträter. Tübingen 2000 (Hallesche Forschungen, 5), 79–94.

Peschke, Erhard: Bekehrung und Reform: Ansatz und Wurzeln der Theologie August Hermann Franckes. Berlin 1977 (Arbeiten zur Geschichte des Pietismus, 15).

Schaller, Klaus: Erhard Weigels Einfluß auf die systematische Pädagogik der Neuzeit. In: Studia Leibnitiana 3, 1971, 28–40.

Scheel, Günter: Hannovers politisches, gesellschaftliches und geistiges Leben zu Leibnizzeit. In: Gottfried Wilhelm Leibniz. Sein Leben, sein Wirken, seine Welt. Hg. v. Wilhelm Totok u. Carl Haase. Hannover 1966, 83–115.

Schieder, Theodor: Friedrich der Große. Ein Königtum der Widersprüche. Frankfurt/Main 1983.

Schmidt, Martin: Der Beitrag der evangelischen Kirchengeschichte zum Aufstieg Berlins. In: Jahrbuch für die Geschichte Mittel- und Ostdeutschlands 20, 1971, 69–88

Schmitt-Maaß, Christoph: Quietistic Pietists? The Reception of Fénelon in Central Germany c. 1700. In: Fénelon in the Enlightenment: Traditions, Adaptations, and Variations. Hg. v. dems. [u. a.]. Amsterdam, New York 2014 (Internationale Forschungen zur Allgemeinen und Vergleichenden Literaturwissenschaft, 178), 147–171.

Schröttel, Gerhard: Johann Michael Dilherr und die vorpietistische Kirchenreform in Nürnberg. Nürnberg 1962 (Einzelarbeiten aus der Kirchengeschichte Bayerns, 34).

Schwarzenberg, Adolf: Das Leben und Wirken Johann Michael Dilherrs. Ein Beitrag zur Geschichte der Pädagogik des XVII. Jahrhunderts. Diss. [masch.] Dresden 1892.

Sommer, Wolfgang: Politik, Theologie und Frömmigkeit im Luthertum der frühen Neuzeit. Göttingen 1999.

Stannek, Antje: Telemachs Brüder. Die höfische Bildungsreise des 17. Jahrhunderts. Frankfurt/Main 2001.

v. Thadden, Rudolf: Die brandenburgisch-preußischen Hofprediger im 17. und 18. Jahrhundert. Berlin 1959.

Vogel, Rudolf Martin: Erziehung im Gesellschaftssystem. München 1970 (Grundfragen der Erziehungswissenschaft, 4).

Wallmann, Johannes: Philipp Jakob Spener in Berlin 1691–1705. In: ders.: Theologie und Frömmigkeit im Zeitalter des Barock. Gesammelte Aufsätze. Tübingen 1995, 295–324.

Weinland, Martina: [Katalogbeiträge zur Erziehung Karl Emils, Friedrich Wilhelms und Friedrich v. Brandenburg(-Preußen)]. In: Im Dienste Preußens. Wer erzog Prinzen zu Königen? Katalog zur Ausstellung 2001/2002. Hg. v. d. Stiftung Stadtmuseum Berlin. Berlin 2001, 37–90.

Weinland, Martina: Der Kronprinz. Soldatische Strenge und geborgtes Glück. In: Friedrich der Große. König zwischen Plicht und Neigung. Hg. v. Dieter Alfter. Bonn 2004, 17–31.

Wenderholm, Iris: Extrait de Télémaque. Zur Verwendung von Fénelons Aventures de Télémaque in der Prinzenerziehung am Berliner Hof um 1700. In: Literaturwissenschaftliches Jahrbuch der Görresgesellschaft 43, 2002, 381–390.

Wiater, Werner: G. W. Leibniz und seine Bedeutung in der Pädagogik. Ein Beitrag zur pädagogischen Rezeptionsgeschichte. Hildesheim 1985 (Beiträge zur historischen Bildungsforschung, 1).

Namensregister

Das Register verzeichnet die Namen historischer Persönlichkeiten, nicht jedoch Forschernamen. Die Namensnennung in den Anmerkungen wurde mit aufgenommen, aber nicht eigens gekennzeichnet. Weibliche Persönlichkeiten sind i. d. R. unter dem Namen ihres Gatten verzeichnet. Ab der Erlangung der Königswürde werden die Mitglieder des Herrscherhauses Brandenburg unter »Preußen« angesetzt, aus Vereinfachungsgründen wird auf eine Unterscheidung zwischen »in Preußen« und »von Preußen« verzichtet.